AF342473

LES DÉVOTS DU BOUDDHISME

Marion Dapsance

LES DÉVOTS DU BOUDDHISME
Journal d'enquête

© Max Milo Éditions, Paris, 2016
www.maxmilo.com
ISBN : 978-2-315-00715-8

Car il n'y a pas pour l'homme, demeuré libre, de souci plus constant, plus cuisant que de chercher un être devant qui s'incliner. Mais il ne veut s'incliner que devant une force incontestée, que tous les humains respectent par un consensus universel. Ces pauvres créatures se tourmentent à chercher un culte qui réunisse non seulement quelques fidèles, mais dans lequel tous ensemble communient, unis par une même foi. Ce besoin de la communauté dans l'adoration est le principal tourment de chaque individu et de l'humanité tout entière, depuis le commencement des siècles.

Dostoïevski, *Les Frères Karamazov.*

Je remercie Giordana Charuty, Donald Lopez,
Charles Ramble, Wiktor Stoczkowski, Nicolas Sihlé,
Jean-Charles Gérard, Frédéric Farah, Laurent Carbonneaux,
ainsi que tous mes amis bouddhistes et ex-bouddhistes,
sans lesquels ce livre n'aurait pu voir le jour.

Préface

Début 1999, un étrange scandale fit la une des journaux au Royaume-Uni : Glen Hoddle, l'entraîneur de l'équipe anglaise de football, aurait déclaré que les handicapés devaient leur déficience physique aux péchés qu'ils avaient commis dans leurs vies passées. Un tollé général s'éleva contre Hoddle qui tenta de se justifier : « Le karma vient d'une vie passée. Il n'y a rien à cacher là-dedans. Et cela ne vaut pas seulement pour ceux qui souffrent d'un handicap. On récolte ce qu'on a semé. Il faut regarder ce qui se passe dans notre vie en se demandant pourquoi cela est arrivé. » (*The Independent*, 1er février 1999.) Il ne parvint pas cependant à convaincre le grand public. Le ministre des Sports, Tony Banks, estima que Hoddle venait « d'un autre monde ». Même le Premier ministre de l'époque, Tony Blair (un chrétien pratiquant) intervint, estimant qu'après une telle déclaration il était difficile à Hoddle de rester en fonction. Cédant au flot des protestations, Hoddle présenta sa démission.

La doctrine du karma – le principe selon lequel les circonstances présentes dépendent d'actes passés – semble d'abord assez inoffensive, mais elle devient beaucoup moins anodine lorsque ses implications sont explicitées en détail, surtout dans une société où les références à l'enfer et à la damnation ont largement disparu des discours des Églises traditionnelles. La logique du karma peut surprendre et pourtant elle n'est rien comparée à d'autres principes acceptés comme autant d'évidences par certaines institutions bouddhistes. Dans le bouddhisme Vajrayana, qui comprend la variante tibétaine de cette religion, le Bouddha arrive en seconde place derrière le maître spirituel, avec lequel le pratiquant tantrique a formé un lien solennel et indissoluble de dévotion et d'obéissance absolue. L'histoire la plus célèbre au Tibet est celle qui raconte la détermination d'un jeune pratiquant de magie noire, Milarepa, à suivre l'enseignement de son maître éveillé pour purger son mauvais karma. Sa persévérance face aux terribles austérités qui lui furent imposées est devenue le paradigme de l'engagement spirituel, au mépris des souffrances ou des doutes encourus. Les épreuves subies par Milarepa apparaissent pourtant plutôt légères si on les compare à celles qu'a endurées Naropa, le maître indien de Marpa, auprès de son maître Tilopa ; ces privations seraient de nos jours assimilées à de la torture.

Si le public britannique peut s'indigner des conséquences du karma, comment un groupe d'Occidentaux dans la France contemporaine peut-il être amené à considérer que la reproduction de ce type de relation de maître à disciple est tout ce qu'il y a de plus normal ? Une solution à cette énigme consisterait à présenter le bouddhisme tibétain en exil comme un complot hégémonique méritant d'être globalement condamné. Ce n'est pas la conclusion de l'auteure du présent volume, Marion Dapsance, pour qui au contraire une certaine diatribe récemment publiée contre le dalaï-lama et le bouddhisme tibétain en exil « relève de la science-fiction la plus délirante ».

Le travail présenté ici est loin de tout sensationnalisme. L'enquête, qui porte sur un centre bouddhiste fondé par un lama tibétain célèbre, est menée avec une précision chirurgicale. L'argumentation est rigoureusement construite et s'appuie sur une combinaison de disciplines universitaires, notamment l'ethnologie, les sciences religieuses, l'histoire et la psychologie. Cette construction permet à l'auteur de démêler les fils qui lient les *dévots européens* du titre à leur charismatique maître tibétain. Le cadre de cette étude est la France de nos jours, mais les racines du phénomène remontent aux premières rencontres de l'Occident avec le bouddhisme. Dans un article bien connu, le bouddhologue américain Gregory Schopen a exprimé son étonnement (et son regret) devant le choix qu'ont fait les premiers étudiants européens de cette religion de se baser sur les sources écrites destinées à « inculquer un idéal » plutôt que sur des matériaux épigraphiques nous renseignant sur ce que les bouddhistes « pratiquent et croient concrètement ». Ce ne sont pas précisément les raisons de ce choix qui nous retiennent ici, mais plutôt la série d'événements qui en a découlé et qui a déterminé la forme du bouddhisme en Occident.

Certaines associations occidentales se disant boud-dhistes en viennent en effet à affirmer que « leur » bouddhisme « n'est pas une religion », mais bien au contraire une science. Dans ce livre, Marion Dapsance guide le lecteur à travers les différentes étapes par lesquelles elles peuvent en arriver à ce paradoxe. Elle retrace les itinéraires par lesquels certains de ces concepts clés sont parvenus en Europe et révèle les dynamiques culturelles et politiques complexes qui les a fait voyager de l'Orient à l'Occident. (On découvre par exemple un lien étroit entre la notion de « pleine conscience » comme concept autonome et le nationalisme birman au XIXe siècle.)

La perspective historique du livre est complétée par une approche ethnographique classique. Quel est exactement cet enseignement dispensé par le célèbre personnage au centre de l'étude ? Marion Dapsance répond à cette question en évaluant les aspects performatifs des sessions lors desquelles le maître entre en relation avec ses disciples – que ce soit en personne ou, le plus souvent, sous la forme d'une représenta-tion enregistrée, une « relique virtuelle », grâce à laquelle les dévots, dans un état de réceptivité psychologique particulier (« l'empathie ») croient que l'état de leurs neurones est trans-formé. La clé de la puissance de persuasion de cette insti-tution – qui est une entreprise bien huilée avec un « mana-gement autoritaire » – se trouve dans le contrôle minutieux du langage qu'elle opère. L'excellente analyse du discours utilisé dans cette communauté offre un modèle que l'on pourrait facilement étendre à des cas semblables – et ce n'est pas ce qui manque – afin d'expliquer comment une pensée unique parvient à s'imposer en réduisant de manière drastique l'éventail des formulations linguistiques disponibles. L'anthropologue Maurice Bloch a souligné que les discours politiques et rituels avaient en commun d'être des formes appauvries du langage : dans aucun de ces deux domaines il n'est souhaitable de permettre plus qu'une quantité limitée de pensées et d'actions ; et le langage utilisé dans le cadre de Rigpa, l'association étudiée par Marion Dapsance, affiche toutes les marques d'un tel appauvrissement linguistique.

Quiconque se considère adepte du bouddhisme tibétain, ou tout au moins sympathisant de sa culture et de ses aspirations, devrait se réjouir de la publication de ce livre. Les révélations des abus de longue date au sein d'une institution religieuse peuvent mener – comme cela a été le cas récemment en Europe et en Amérique du Nord – à la condamnation globale de cette institution, mais elles peuvent aussi inciter certains fidèles à abandonner la religion sous la bannière de laquelle ces abus ont été perpétrés. Ce livre frappe fort ; mais il distingue avec soin la religion des institutions qui s'en réclament, et la cible de l'auteur n'est pas le bouddhisme tibétain.

Les disciples justifient la façon dont le maître les traite en y voyant une manifestation de « folle sagesse », un style dont on trouve de nombreux exemples dans les biographies tibétaines : la signification spirituelle d'un acte change selon qu'il est accompli par une personne ordinaire – auquel cas il peut être moralement condamnable – ou par une personne éveillée – il est alors l'expression de « moyens habiles ». Il ne faudrait pas prendre les excentricités de certains personnages célèbres dans la littérature tibétaine pour une caractéristique normale du paysage religieux tibétain. Ce sont au contraire des recours littéraires qui visent à transmettre un message de la façon la plus séduisante possible. Les récits chrétiens des effroyables pénitences que s'assignaient les Pères du désert, que ce soit les stylites, les dendrites, les fous du Christ ou d'autres, peuvent être des sources d'inspiration pour certains, mais les Églises européennes modernes n'encouragent pas pour autant de telles conduites (elles ont de fait, pour la plupart, renoncé à de telles austérités dès le début du XVIIIe siècle). Un document légal tibétain de 1935, dans lequel l'abbé d'un couvent est sévèrement tancé par un duc local pour la dureté avec laquelle il traitait les nonnes sous sa responsabilité, témoigne des limites auxquelles le comportement d'un lama était soumis au Tibet. Parions que les tentatives du lama pour justifier ses excès en termes de folle sagesse n'auraient pas beaucoup impressionné les autorités locales. Même en théorie, la notion de « moyens habiles » est fondée sur la prémisse selon laquelle celui qui y recourt est un être parfait. Mais, s'interroge un disciple interviewé par Marion Dapsance, « comment être sûr qu'il soit *vraiment* éveillé ? »

Charles Ramble, anthropologue et tibétologue,
directeur d'études à l'École pratique des hautes études
de la Sorbonne, chaire d'histoire et de philologie tibétaines,
ancien président de l'International Association
for Tibetan Studies

INTRODUCTION

Le sanctuaire de l'activité éveillée est noyé sous une pluie battante. À l'intérieur du temple, où trône l'immense statue de Bouddha d'or, la foule des fidèles commence à s'impatienter. La venue hebdomadaire du maître est un événement à ne manquer sous aucun prétexte. La fébrilité de l'assistance est palpable. Chacun tend l'oreille, guettant l'arrêt de la Mercedes qui doit venir le déposer ici d'un instant à l'autre. D'immenses gerbes de fleurs ont été déposées devant l'autel, la fumée de l'encens sature l'atmosphère, la dorure des statues étincelle. Les organisateurs s'activent, installent le siège recouvert de brocart du lama, sa tasse de thé fumante aux motifs de dragon, les documents dont il a besoin. L'un d'eux monte sur scène et annonce que la venue de l'Éveillé est proche. Il met en garde sur l'attitude à adopter en sa présence. La dévotion, l'acceptation de ce qui survient est de mise. Nous autres Occidentaux ne savons pas ce qu'est un maître spirituel. Nous avons des idées préconçues : le maître est précisément là pour nous en défaire. Tenons-nous prêts. Une porte claque, un petit groupe fait irruption au fond de la pièce. Deux hommes, trois femmes, qui portent des sacs et des classeurs. La foule se lève d'un bond, entame une série de prosternations. Je comprends que le maître est enfin là. Nous l'attendions depuis au moins une heure. Je me retourne discrètement vers la porte d'entrée. Accompagné des trois jeunes femmes fluettes porteuses de sacs, le petit homme rond a le visage renfrogné. Il se dirige à pas vifs vers son trône, sans un regard pour l'assistance. Voici le maître tant attendu, notre Bouddha des temps modernes.

L'assemblée des dévots est prostrée. Il règne un silence de mort. Enfin, le maître prend la parole. Ou plutôt marmonne-t-il quelque chose d'incompréhensible à l'attention de ceux qu'il nomme ses « intendants ». Ces derniers lui répondent humblement, tête baissée et mouchoir blanc devant la bouche pour lui cacher leur haleine. Il s'énerve. Ça ne va pas. Rien ne va plus. Ce sont des bons à rien. Ces messes basses, auxquelles personne ne comprenait rien jusqu'alors, deviennent soudain publiques. Le lama invective ses assistants à voix haute, devant une assistance médusée. Jan le Hollandais est traité de yack, la grande femme blonde en tailleur gris, aux allures de colonelle d'opérette, est reléguée d'un geste dans une partie sombre du temple. Quant à la brunette qui transportait les classeurs, elle reçoit l'ordre de rapporter immédiatement un ventilateur. « Ça pue, ici », dit-il en anglais. « Vous ne devez plus faire de prosternations, ou alors il faut ouvrir les fenêtres. » Un grand intendant maigre fait discrètement remarquer qu'il pleut à verse, et que, peut-être, cela n'est pas tout à fait indiqué. Le maître l'attrape alors par les cheveux et le secoue d'avant en arrière. « Qui es-tu pour juger ? Je suis ton maître, tu es mon esclave. Ah, ce n'est peut-être pas très politiquement correct chez vous, les Occidentaux, d'accord, mais au Tibet c'est comme ça, vous devez vous soumettre totalement. Il ne faut jamais tenir tête à un grand maître. » Il lui ordonne de faire des prosternations pour rattraper son erreur, puis le soumet à une séance de confession publique. Il avoue qu'il a fait preuve d'outrecuidance, que son orgueil l'a aveuglé. Entre-temps, la brunette a surgi avec un grand ventilateur. « Ça ne sert à rien », lance-t-il avec mépris, sans même lui jeter un regard, « je m'en vais, vous ne méritez pas mes enseignements ». Les intendants se précipitent, désespérés, tâchant de faire bonne figure. Ils remballent ses affaires en silence. Un petit groupe de fanatiques tente le tout pour le tout. On se jette à ses pieds, on le supplie de rester, on le remercie d'être là. Le temps paraît s'être arrêté. « Vous avez trop d'ego », lâche-t-il enfin. Ce fut ses dernières paroles ce jour-là.

Assister à de telles scènes dans des « centres du dharma » réputés, dirigés par un proche du dalaï-lama, ne peut laisser personne indifférent. Est-ce là le bouddhisme si plein de sagesse et de bonté dont on nous vante régulièrement les mérites dans les magazines de développement personnel ? Ou s'agit-il d'un cas particulier, d'une exception inadmissible, qui ne serait aucunement représentative de cette éminente tradition ? À moins qu'une profonde philosophie soit réellement cachée derrière d'aussi troublantes apparences ? Quelles que soient les réponses apportées à ces questions, un fait demeure : les pratiques effectivement proposées dans les centres ne font l'objet d'aucune description précise. La réalité semble ne pas avoir d'importance. Il est inutile d'en discuter. Seule doit demeurer la légende, du moins les concepts abstraits. On s'en tient donc généralement à une série de poncifs érigés en vérités intangibles :le bouddhisme ne serait pas une religion mais une « spiritualité rationnelle », son fondateur un sage indien dépourvu de tout pouvoir surnaturel ou divin, son but l'épanouissement personnel, sa pratique principale la méditation.

Or, cette représentation qui nous paraît si familière aujourd'hui n'a rien de naturel. Elle date en réalité d'un peu moins de deux cents ans. Plus précisément, elle est née à Paris dans les années 1840, sous la plume du philologue Eugène Burnouf (1801-1852), spécialiste de langues anciennes et orientales[1]. À partir de manuscrits sanscrits découverts par les Anglais à Katmandou, Burnouf décrivit le bouddhisme comme « un fait complètement indien », le Bouddha comme « un sage » et le bouddhisme comme une philosophie morale et rationnelle ayant pour but la cessation de la souffrance. Ces traits particuliers, qui se sont imposés jusqu'à aujourd'hui, étaient tributaires d'une vision livresque des traditions asiatiques. En effet, les recherches philologiques sur ce qu'il est désormais convenu d'appeler « le

---

1. Eugène BURNOUF, *Introduction au bouddhisme indien*, Paris, 1844. Cette introduction aux traditions sanscrites, longue de 653 pages, constitue la première grande étude savante du bouddhisme. Sur la formation de la figure du Bouddha philosophe par les Occidentaux, voir Donald S. LOPEZ Jr., *From Stone to Flesh. A Short History of the Buddha*, Chicago, University of Chicago Press, 2013.

bouddhisme » étaient alors en grande partie déconnectées de l'observation des pratiques rituelles et dévotionnelles des bouddhistes d'Asie. Chacune des traditions bouddhiques dispose pourtant de ses propres croyances et de ses propres pratiques religieuses, si bien qu'il serait plus judicieux de parler *des* bouddhismes plutôt que *du* bouddhisme. En outre, ne s'intéresser qu'à certains textes en laissant de côté tout ce qui fait la vie quotidienne des bouddhistes d'Asie constitue, en termes de compréhension du phénomène, un biais méthodologique lourd de conséquences. C'est aussi une forme de mépris envers les populations concernées. L'interprétation occidentale a donc procédé par réduction normative et fait preuve d'un élitisme certain : le « vrai » bouddhisme, qui serait une « religion du monde » caractérisée par la rationalité, est celui qui figure dans certains textes philosophiques en sanscrit. Cela s'explique par le contexte intellectuel qui a présidé à la découverte de ces textes en Europe : la sécularisation et la déchristianisation massives de la société, combinées à l'avènement de la science comme critère absolu de vérité. Comparé à « la religion », c'est-à-dire au christianisme avec lequel on souhaitait rompre, ce « bouddhisme » pour intellectuels apparaissait sous un jour très flatteur : contrairement au premier, il promouvait la raison, le libre arbitre, l'autonomie, l'égalité. En somme, le bouddhisme fut interprété comme une sagesse ancestrale déjà conforme aux idéaux des Lumières, autrement dit comme une doctrine capable de l'emporter sur tous les tableaux. À la fois antique et résolument moderne, cette tradition présente tous les gages de la Vérité telle que la définissent les Occidentaux.

Cette représentation, issue des travaux d'un philologue parisien, s'est rapidement muée en une véritable légende urbaine. À travers les écrits des philosophes, écrivains et romanciers qui s'en sont inspirés au fil des décennies, elle est devenue un lieu commun, que nul ne saurait impunément remettre en question. Pourtant, il n'est pas difficile aujourd'hui d'aller vérifier par soi-même ce qu'est véritablement ce bouddhisme qu'on nous propose aujourd'hui comme panacée. Il n'est plus besoin, comme au temps de l'intrépide exploratrice Alexandra David-Neel, de gravir l'Himalaya au péril de sa vie et de se déguiser en mendiante pour pénétrer dans les lieux saints. Il n'est pas non plus besoin d'être particulièrement savant. Les maîtres bouddhistes sont aujourd'hui parmi nous et parfaitement accessibles, qu'ils soient tibétains, népalais, japonais, thaïlandais, birmans ou même occidentaux. Il suffit d'aller à leur rencontre et, comme le préconiserait le Bouddha lui-même, « voir la réalité telle qu'elle est ».

Un bouddha à Monaco

Ma rencontre avec le bouddhisme a commencé, comme pour la plupart des Occidentaux, dans les livres. J'avais commencé par lire, à la fin de mon adolescence, l'ouvrage de Matthieu Ricard et de Jean-François Revel, *Le Moine et le Philosophe*, qui mettait en parallèle la vision occidentale du monde avec celle proposée par le bouddhisme tibétain. C'est ainsi, du moins, que ce recueil d'échanges entre un père et son fils est présenté au grand public, et c'est ainsi, naïvement, que je l'ai moi-même reçu. J'ai compris par la suite qu'il s'agissait beaucoup moins d'un exposé des doctrines bouddhiques que de la répétition de vieilles croyances ésotériques occidentales – j'y reviendrai. Après quelques autres lectures du même type, j'en arrivai à la conclusion que le bouddhisme était une philosophie d'un très haut niveau intellectuel, développant un point de vue relatif sur le monde et traitant essentiellement de la souffrance et des moyens d'y mettre fin. La souffrance, nous dit le Bouddha, naît du désir, de la peur et de l'ignorance. Pour faire advenir un bonheur durable, il convient tout logiquement de faire disparaître les *causes* de la souffrance : cesser de vouloir accumuler les richesses, les gloires et les satisfactions en tout genre ; réaliser que nos angoisses ne sont que des étiquettes mentales que nous plaquons inopportunément sur la réalité ; découvrir que le monde lui-même est moins une réalité tangible donnée de l'extérieur que le fruit de notre propre activité mentale ; comprendre et contrôler enfin les mécanismes de notre esprit, qui, sans cesse, nous pousse insidieusement dans l'engrenage sans fin des passions et des aversions, que les bouddhistes appellent traditionnellement *samsara*. Tout me semblait logique, rationnel, voire extrêmement terre à terre. Il n'était pas besoin de se référer à un Dieu créateur ni à aucune puissance occulte. Chacun était responsable de son propre sort. Tout se jouait dans l'esprit. Cela convenait parfaitement à mon tempérament d'intellectuelle.

Ce n'est que quelques années plus tard que j'ai commencé à fréquenter des centres bouddhiques. Je vivais alors dans le sud de la France. Je venais de terminer une maîtrise en science politique à l'université de Paris I et avais décidé de me donner une expérience professionnelle avant d'entreprendre une thèse, que j'envisageais liée à une question religieuse, dans la suite logique de mon mémoire de philosophie politique qui traitait de laïcité. J'occupais alors un emploi de traductrice et de chargée de communication dans une entreprise de formation et de conseil en nutrition, dirigée par un chercheur en médecine indépendant, spécialisé dans la formulation de compléments alimentaires. Les activités organisées par cet institut attiraient aussi bien des médecins et des ingénieurs que des passionnés non professionnels de thérapies dites « alternatives ». Lors d'un salon dans lequel était représenté cet institut, j'ai rencontré une enseignante de français à la retraite, qui avait beaucoup voyagé et qui me parla longuement de « spiritualité » et de bouddhisme tibétain. Cette grande femme brune et bien en chair, couverte de gros bijoux d'argent et de pierres semi-précieuses, qui prenait de temps à autre des airs absents mais inspirés, aiguisa rapidement ma curiosité. J'engageai avec elle une relation d'amitié. Elle me fit découvrir son appartement sur les hauteurs de Nice, avec sa grande terrasse ombragée et son « oratoire », à partir duquel elle priait pour la paix dans le monde, guidée par une série de « maîtres ascensionnés » qui communiquaient régulièrement avec elle. Elle m'avoua être la réincarnation de Jeanne d'Arc et avoir pour mission d'apporter un regain de « spiritualité » à la France, qui selon elle était à deux doigts de tomber en enfer. Elle me confia avoir vécu plusieurs fois au temps des Incas mais l'avoir si mal vécu qu'elle était aujourd'hui allergique au quinoa. Elle recherchait des méthodes de guérison naturelles et s'intéressait particulièrement à la « médecine quantique ». Sa dernière acquisition était un appareil électronique russe capable de détecter les maladies à l'avance, un système qui aurait été mis au point par l'aéronautique de l'ex-URSS. Un jour, elle m'invita à l'accompagner dans un centre tibétain de Nice, qu'elle souhaitait découvrir. Ce fut mon premier contact avec un « centre du dharma », comme on appelle en Occident les centres d'enseignement du bouddhisme dédiés uniquement aux autochtones, et non aux populations asiatiques immigrées. Nous étions toutes les deux arrivées, un soir, et une personne chargée de l'accueil nous remit le programme des cours, car il y avait des « cours d'introduction au bouddhisme et à la méditation », ainsi que la photographie d'une statue de l'introducteur indien du bouddhisme au Tibet, Padmasambhava. Au dos de cette image pieuse « chargée de bénédictions » était inscrite une prière que l'on nous conseilla de répéter le plus souvent possible, notamment en cas de peur, de maladie ou de danger. On nous présenta le « grand maître » responsable de ce centre, Sogyal Rinpoché, à partir d'une courte vidéo qui relatait son existence et ses principales « réalisations ». Cette présentation me parut très commerciale et stéréotypée. Je fus plutôt déçue de ce premier contact. J'avais l'impression d'être traitée comme une potentielle cliente, et qu'on me proposait des produits de développement personnel en lieu et place de la haute spiritualité que j'imaginais d'après mes lectures.

Je ne suis pas retournée dans ce centre, mais me rendis un peu plus tard à un enseignement public de deux jours sur le thème du « Bouddha de la médecine », donné à Monaco par un autre lama tibétain, le 12ᵉ Gyalwang Drukpa. Cet événement avait été annoncé sur un prospectus distribué dans le centre de Nice, bien qu'il s'agît de deux maîtres différents, appartenant à des écoles, des lignées et des régions du Tibet assez éloignées les unes des autres. Le Grimaldi Forum s'était transformé pour l'occasion en une espèce de temple tibétain, et les visiteurs étaient pour la plupart des disciples de longue date de ce lama, venus du monde entier manifester leur dévotion et leur désir d'apprendre. Pour moi, tout cela était assez étrange, mais intellectuellement très stimulant. Je me suis prise au jeu. J'avais envie de comprendre les doctrines exposées par ce maître, qui me semblait par ailleurs fort sympathique. Pendant plusieurs mois, j'ai ainsi fréquenté le centre Drukpa de Monaco, attirée par l'atmosphère de voyage qui régnait en ces lieux. Il s'agissait d'un appartement personnel d'environ cent mètres carrés, avenue des Moulins, l'une des artères principales de Monaco, qui donnait sur la mer. Aux murs de l'entrée étaient accrochées des photographies en noir et blanc, représentant un vieillard tibétain en robe de lama, doté de longues moustaches blanches qui lui donnaient un air stéréotypé de « sage asiatique ». La propriétaire des lieux, une disciple de « Sa Sainteté le 12ᵉ Gyalwang Drukpa » qui avait mis son appartement à la disposition de la communauté, m'expliqua qu'il s'agissait de Thuksey Rinpoché, l'héritier des Drukpa qui établit cette lignée en Occident dans les années 1980. Le salon avait été transformé en « salle de pratique » pourvue d'un autel chargé d'offrandes et de photos de maîtres, de statuettes de bouddhas, d'images peintes et d'objets rituels dont je ne connaissais encore ni le nom ni la fonction ; il fallait y entrer déchaussé et venir s'y asseoir sur un petit coussin rond. En pénétrant dans cette pièce, certains se prosternaient devant la grande photographie du maître, qui faisait face à l'entrée. Une petite chambre adjacente était devenue bibliothèque : il était possible d'y emprunter des livres et des revues qui traitaient du bouddhisme tibétain et d'ésotérisme, de yoga et de végétarisme. J'y découvris les ouvrages de Kalou Rinpoché et de Madame Blavastky, de Dilgo Rinpoché et d'Annie Besant, des livres sur les extraterrestres, les « grands maîtres » hindous et Arnaud Desjardins. La cuisine était un lieu où se déroulait la préparation des plateaux d'offrandes rituelles. Des restes de biscuits ou de fromage étaient disposés sur les rebords de fenêtres de manière à nourrir les oiseaux et les insectes. On me parla de « pratiques », on me fit cadeau d'un livre relatant l'histoire de la lignée, on me fit regarder des vidéos au sujet de la vie du maître et des couvents qu'il a fondés au Ladakh, on me fit participer à des liturgies dont le sens ne me fut enseigné que progressivement, au fil des discussions avec les autres étudiants, qui échangeaient conseils pratiques et ouvrages théologiques. On me parla bien sûr de la « méditation », qui consiste à se tenir assis les yeux fermés sur un coussin et à « observer ses pensées ». Cependant, je constatai que peu la pratiquaient. Les participants appartenaient à toutes les catégories sociales et à tous les âges, la proportion des hommes étant aussi élevée que celle des femmes. Se trouvaient parmi nous une secrétaire, une femme de ménage, un ouvrier, qui venaient des alentours de Nice ou de Monaco, une étudiante qui résidait à Menton, un homme d'affaires d'une trentaine d'années et sa compagne, le dirigeant d'une société de déménagement monégasque, et la propriétaire des lieux, l'ex-femme française d'un comptable monégasque. Tous étaient liés par une même « connexion » avec le Gyalwang Drukpa, qu'ils disaient devoir entretenir quotidiennement et qu'ils appelaient également « dévotion ». Tous, un jour, avaient été « touchés » par sa personne, son image, sa simple évocation. À certains, il apparaissait en rêve, s'imposait à la pensée ou même se matérialisait sous forme d'animal pour leur communiquer un message important au moment le plus opportun. La plupart étaient assidus à la « pratique », qu'il s'agisse de liturgies liées au culte de divinités comme Tara ou Tchenrézig, organisées quotidiennement, ou de rituels tantriques plus complexes, comme le rituel de Tcheu, organisé certains soirs, en fonction du calendrier lunaire.

Quelquefois, l'assistant bhoutanais du Gyalwang Drukpa, Lama Ngawang, responsable du centre de retraite de Plouray, en Bretagne, venait passer quelques jours sur la Côte d'Azur. Ce gros bonhomme jovial et campagnard faisait alors le point avec le petit groupe sur l'évolution de sa « pratique ». Dans un français très rudimentaire, Lama Ngawang servait aussi de conseiller pour certains membres du groupe, qui venaient le consulter au sujet de problèmes personnels. Un thème astral fut un jour réalisé et commenté pour un bébé qui venait de naître. Parmi les activités quotidiennes que devaient se partager les membres de la communauté, figurait la gestion du centre et du site Internet, la correspondance avec les personnes qui écrivaient pour obtenir des renseignements sur la lignée, la participation à l'organisation des retraites à Plouray.

L'hiver suivant, je suis allée avec d'autres membres du groupe de Monaco suivre une retraite dans ce centre de Bretagne. J'y ai découvert une version plus tibétaine de la « pratique spirituelle » découverte à Monaco : le Gyalwang Drukpa y était accueilli avec faste et révérence, tenu à l'écart des centaines de disciples réunis, et, s'il parlait anglais, il faisait néanmoins référence à des textes, des maîtres, des divinités et des notions théologiques qui échappaient totalement à la médiation habituelle de l'ésotérisme occidental. Car, je l'avais déjà constaté, le bouddhisme pour les Occidentaux qui y adhèrent n'est souvent que l'une des facettes de leur adhésion aux traditions ésotériques européennes. On me parlait d' « aura », de « maîtres ascensionnés », de « médiums », d' « énergies » et d'autres choses que l'on trouvait également dans des groupes New Age. Mais à Plouray, tout cela perdait sa raison d'être, et j'étais confrontée à l'enseignement d'un lama tibétain, sans intermédiaire culturel d'aucune sorte – sauf les services linguistiques d'un traducteur anglais-tibétain-français, lui-même appelé « lama ». Lors de cette retraite, le Gyalwang Drukpa commenta et enseigna les pratiques rituelles de Tcheu et de Vajrayogini. On m'en donna les explications suivantes. La première était à l'origine pratiquée la nuit dans des charniers et consiste à se visualiser soi-même sous forme d'une divinité féminine se découpant en morceaux, représentant la vacuité du soi et de tous les phénomènes. La seconde consiste à se visualiser sous forme d'une jeune fille de 16 ans, nue et le corps rouge, entrant en relation avec son maître. Dans les deux cas, les rituels sont longs et complexes, incluant de nombreuses prières, invocations, confessions de fautes et réitérations de vœux, récitations de litanies de maîtres et de bouddhas, le tout en tibétain, ainsi que des gestes, des mouvements, des visualisations et des attitudes mentales codifiés, qui étaient enseignés, commentés et répétés toute la journée par le lama, avant de pouvoir être pratiqués en intégralité les derniers soirs de la retraite.

L'atmosphère et l'étrangeté de ces grands rituels me galvanisaient, j'étais curieuse, ravie de découvrir cet univers jusque-là inconnu, et prenais très au sérieux, à la manière des autres étudiants, le sens des rituels qui m'était indiqué. Je souhaitais éprouver moi-même ce que pouvait réellement apporter une « pratique spirituelle » si positivement perçue – non seulement les membres du centre, ce qui va de soi, mais également par de nombreux intellectuels occidentaux dont j'avais lu les témoignages. Cependant, tout en réalisant la richesse immense de ces traditions, je mesurais le gouffre qui séparait ces commentaires de la réalité qui m'était alors présentée. En effet, les ouvrages écrits par des Occidentaux et destinés au grand public affirment que « le bouddhisme », qu'il soit par ailleurs tibétain, japonais, chinois, thaïlandais ou vietnamien, « n'est pas une religion », mais une « spiritualité », c'est-à-dire qu'il ne comprend aucun rite, ni ne tolère aucune autorité, institutionnelle, charismatique ou doctrinale. Il serait en cela radicalement différent du christianisme, dont sont souvent issus aussi bien les convertis que les commentateurs. Or, mon entrée dans ce groupe avait nécessité que je paie une cotisation, que je fasse miennes les doctrines de cette école, que j'apprenne à pratiquer ses rituels, que je révère un lama – plutôt qu'un autre – comme « représentant de l'Éveil ». Je remarquai ainsi une contradiction entre les pratiques des Tibétains et les discours des Occidentaux. Ces derniers étaient mobilisés pour dénier toute ressemblance avec le christianisme, malgré des formes liturgiques et un clergé tout à fait similaires.

Autre lieu commun qui perdait à Plouray toute sa force de persuasion : le « bouddhisme » défini par les pratiquants occidentaux serait également « a-culturel », dans la mesure où les sociétés dans lesquelles il s'est développé n'auraient eu aucune influence sur ses formes sensibles, puisqu'il serait avant tout une « sagesse universelle ». Or, je constatais qu'il était impossible de comprendre les pratiques tibétaines proposées sans une étude approfondie de la doctrine, de la théologie, de la cosmologie, du panthéon et de la société dans lesquels elles s'insèrent. Je me demandais également si les pratiques enseignées pouvaient réellement signifier quelque chose pour un public aussi éloigné des sociétés tibétaines. Je m'interrogeais sur les modalités d'enseignement mises en place par le Gyalwang Drukpa : ne fallait-il pas nécessairement apprendre le tibétain pour parvenir à quelque compréhension de ces textes ? Les divinités proposées à la visualisation, les générations de maîtres vouées à la vénération pouvaient-elles réellement entrer en résonance avec l'imagination de chacun, quelle que soit sa culture d'origine ? Les convertis ne confondaient-ils pas le salut proposé (la sortie du cycle des renaissances par la réalisation de la vacuité des phénomènes) avec une vision chrétienne – ou plus exactement platonicienne – d'une survie de l'âme après la mort ? En d'autres termes, que devenaient ces traditions rituelles lorsqu'elles étaient reprises à leur compte par des Occidentaux ? Le décalage culturel n'était-il pas trop important pour parvenir à une pratique rituelle qui ait encore du sens ? Et si ces pratiques étaient nécessairement transformées, quels sens nouveaux, quelles formes et quelles fonctions nouvelles prenaient-elles alors ?

Ces questionnements n'étaient pas seulement d'ordre intellectuel. Cette première expérience de retraite provoqua chez moi des réactions émotionnelles situées à mi-chemin entre l'agacement et l'incompréhension. J'observais en effet des individus européens qui effectuaient des rituels dans le cadre d'un temple tibétain, récitaient quotidiennement des prières, invoquaient des divinités, s'en remettaient avec dévotion à un lama pour des questions liées à leur vie personnelle ou professionnelle, se prosternaient devant lui, tout en déclarant pratiquer une « spiritualité », une « sagesse », une « science de l'esprit » sans aucun rapport avec la « religion ». Je tentai tout d'abord de discuter avec eux, d'essayer de comprendre, de les raisonner même, tâchant de leur faire admettre le caractère religieux de leurs pratiques, ne comprenant pas qu'une telle qualification puisse à ce point poser problème. Mes tentatives aboutirent généralement à des discussions vives et sans fin sur les avantages et les inconvénients comparés du bouddhisme et du christianisme. Pouvait-on transformer cette contradiction – évidente pour moi, mais invisible aux yeux de mes compagnons – en objet d'enquête, ce que ne faisaient pas les études disponibles en France au moment où j'ai commencé ma recherche. Les études sociologiques sur le bouddhisme se concentraient en effet sur un problème de qualification du mode de recrutement des adeptes par les lamas (ces derniers sont-ils ou non missionnaires ?)[2], tandis

2. Thierry MATHÉ, *Le bouddhisme des Français, Le bouddhisme tibétain et la Soka Gakkai en France. Contribution à une sociologie de la conversion*, Paris, L'Harmattan, 1995 ; Lionel OBADIA, *Le bouddhisme en Occident*, Paris, La Découverte, 2007 et *Bouddhisme et Occident. La diffusion du bouddhisme tibétain en France*, Paris, L'Harmattan, 2000.

que les ouvrages de tibétologie américains s'attachaient à étudier les formes de « fascination », dans le cadre d'histoires culturelles sans description des pratiques[3]. Comment ces individus font-ils pour concilier leur idée préconçue du bouddhisme, qu'ils tiennent essentiellement d'ouvrages écrits par des Occidentaux, et la réalité, toute différente qu'ils ont sous les yeux et à laquelle on leur impose de se soumettre ? Comment vit-on cet écart entre l'idéal livresque et la pratique réelle ? Qu'est-ce que cela nous dit, non seulement des transformations du bouddhisme en Occident, mais également des rapports qu'entretiennent les Occidentaux avec le religieux ? Tel fut le point de départ de mon enquête.

---

3. Donald S. LOPEZ Jr., *Prisoners of Shangri-La, Tibetan Buddhism and the West*, University of Chicago Press, 1999 ; édition française : *Fascination tibétaine. Du bouddhisme, de l'Occident et de quelques mythes*, Paris, Autrement, 2003 ; Peter BISHOP, *Dreams of Power, Tibetan Buddhism and the Western Imagination*. Londres, The Athlone Press, 1992.

LE BOUDDHISME
À TRAVERS L'HISTOIRE OCCIDENTALE

Je venais ainsi de découvrir que le « bouddhisme authentique » n'était pas celui que nous décrivent les Matthieu Ricard et Frédéric Lenoir dans leurs ouvrages à succès. Il n'est pas une sagesse désincarnée et souriante, laissant à chacun le soin de décider pour lui-même ce qui est désirable et ce qui ne l'est pas. Il est au contraire, notamment dans sa version tibétaine, une structure de pouvoir imposant des dogmes, des normes, des croyances, des pratiques rituelles, dévotionnelles et sociales extrêmement codifiées et contrôlées. Il n'est pas spécialement fondé sur la « méditation » individuelle, mais plutôt sur le rituel collectif et la dévotion à l'égard du lama, comme la messe du dimanche et la foi en un Dieu qui sauve constituent les tenants centraux d'un catholicisme que nous connaissons mieux. Car l'unique différence entre ce christianisme honni et ce bouddhisme idéalisé ne réside pas en une différence fondamentale de nature ou de forme, mais tient seulement à un degré de familiarité plus ou moins élevé avec leur réalité concrète. Le christianisme est au fondement de notre civilisation, et sa critique systématique fait elle-même partie de nos réflexes culturels. Le bouddhisme au contraire, qui appartient à une culture lointaine, n'a pu être porté à notre connaissance que par une série d'intermédiaires qui utilisèrent l'écrit pour nous le décrire. Le bouddhisme tel que nous le connaissons aujourd'hui en Occident est donc avant tout l'œuvre collective d'écrivains divers. Il relève par conséquent, pour ceux qui n'ont aucun contact réel avec lui, essentiellement de la fiction, et d'une fiction éminemment séduisante, comme la plupart des légendes ou des utopies. Ce n'est pas un fait constatable au coin de la rue, dont on pourrait quotidiennement apercevoir les défauts. C'est un objet littéraire qui relève à la fois de la philosophie, du pamphlet, du récit de voyage, de la littérature ésotérique, de la philologie, de l'anthropologie, des sciences des religions – un objet littéraire hétéroclite qui s'est construit au fil de quelques siècles en Occident à partir de prismes qui nous sont propres, et qui ont varié au fil des époques.

En effet, cette fiction, comme je l'ai constaté dans les centres bouddhiques présents sur notre territoire et dans les ouvrages savants que j'ai lus par la suite, ne correspond ni aux réalités contemporaines du bouddhisme, ni aux représentations qu'ont entretenues par le passé les Occidentaux à son égard. Elle est en réalité extrêmement récente. Il faut savoir, par exemple, que le bouddhisme d'avant les analyses d'Eugène Burnouf au XIXe siècle était en effet source d'horreur.

Pour la plupart des Européens, marchands, explorateurs, missionnaires, diplomates, soldats ou personnels coloniaux, qui voyagèrent en Asie au cours des siècles précédents, le Bouddha n'était rien d'autre qu'une idole païenne parmi tant d'autres. Contrairement aux lettrés du XIXe siècle qui eurent accès aux textes doctrinaux, ces voyageurs, pour la plupart, n'étaient pas capables de communiquer avec les populations qu'ils rencontrèrent, encore moins de lire et de comprendre leurs textes sacrés. Ils ne pouvaient qu'observer leurs cultes et interpréter les statues et les représentations picturales du Bouddha à l'aune de leurs propres repères culturels. Quand ils découvrirent les diverses images du Bouddha au cours de leurs pérégrinations en Chine, en Mongolie, au Tibet, au Japon, en Corée, à Sri Lanka ou en Birmanie, il n'y avait aucune raison qu'ils y voient les différentes facettes d'un seul et même personnage. Il s'agissait pour eux de divinités ou de démons différents. C'est grâce aux missionnaires jésuites des XVIIe et XVIIIe siècles que la perception des cultes bouddhiques commença à devenir plus juste et plus objective. S'agissant de sa version tibétaine, l'évolution est essentiellement due à Antonio de Andrade (1580-1643) et à Ippolito Desideri (1684-1733), qui se rendirent au Tibet sur ordre de la Propaganda Fide afin d'y prêcher la religion catholique. Pour ce faire, ils comprirent qu'il leur fallait acquérir une connaissance profonde de la religion tibétaine. Leur but n'était d'ailleurs pas seulement d'évangéliser, mais également d'étudier les formes diverses que pouvait prendre « la religion naturelle », c'est-à-dire la révélation incomplète du christianisme réservée aux peuples lointains. Avec son compagnon Francesco della Penna, Desideri s'établit ainsi au monastère de Sera, au nord de Lhassa. Il put y étudier la langue et la religion tibétaines en profitant d'un cursus traditionnel. Della Penna composa un dictionnaire, tandis que Desideri produisit une œuvre considérée jusqu'à aujourd'hui comme fondatrice des études tibétaines modernes : les *Relazione e notizie historiche del Thibet e memorie de' viaggi e missioni ivi fatte* (1712-33)[4]. Desideri considéra tout d'abord qu'il avait affaire à une « fausse secte » et à une « religion très curieuse », ce qui ne l'empêcha pas de produire une interprétation juste et objective de la culture tibétaine. Son explication du mantra *Om mani padme hum*, par exemple, peut être considérée comme une première étape importante de la tibétologie européenne. En effet, Desideri l'analyse à juste titre comme une invocation à la divinité Avalokiteshvara, et non suivant la mystérieuse formule à connotation érotique adoptée par la suite : « le joyau dans le lotus ». C'est donc à des membres savants de l'institution catholique que nous devons le premier savoir rigoureux sur les religions asiatiques.

Les écrits des missionnaires furent repris à l'époque des Lumières, notamment dans *Cérémonies et coutumes religieuses de tous les peuples du monde*, du graveur Bernard Picart (1673-1733) et de l'écrivain et éditeur Jean-Frédéric Bernard (1683-1744), publié en sept volumes à Amsterdam entre 1723 et 1737. Le milieu cosmopolite des

---

4. Sur l'œuvre de Desideri, voir *Mission to Tibet. The Extraordinary Eighteenth-Century Account of Father Ippolito Desideri S. J.*, Leonard ZWILLING (éd.), Boston, Wisdom Publications, 2010.

réfugiés d'Amsterdam, qui fuyaient l'intolérance religieuse d'autres pays d'Europe fut, après celui des missionnaires, un autre lieu de production de savoirs modernes sur les religions. Offrant pour la première fois une étude détaillée et comparative des différentes coutumes religieuses du monde, l'ouvrage marque un tournant dans les attitudes européennes envers les croyances et pratiques religieuses des peuples exotiques. Il diffusa l'idée selon laquelle toutes les religions peuvent être envisagées en fonction des mêmes critères et être ainsi, toutes, dignes de respect. L'ouvrage, qui connut un succès retentissant dans l'Europe entière, au point de devenir un ouvrage incontournable dans la bibliothèque de tout honnête homme, contribua à transformer la notion même de « religion ». Le terme ne désignait plus la foi en une vérité unique accordée par Dieu dans un livre mais simplement les diverses pratiques reflétant les vérités propres, à une époque donnée, à un peuple ou à une culture particulière. Les religions asiatiques figurent dans les deux volumes consacrés à « l'idolâtrie ». Bernard et Picart firent de leur mieux pour en offrir un compte rendu précis, en dépit de leur variété et de leur complexité. Bernard propose des résumés des doctrines de Laotun (Laozi ou Lao-tseu, fondateur du taoïsme), des disciples de Fo ou Foe (les bouddhistes chinois) et des sintos (shintos japonais), en se basant sur les écrits des missionnaires. Les modèles de gravures furent fournis par la collection de voyageurs hollandais appartenant à la Compagnie des Indes hollandaises. Sur les différentes formes de bouddhisme, Bernard et Picart durent reprendre les données éparses des voyageurs, qui n'avaient pas encore saisi les connexions entre les diverses variantes de ce que Burnouf appela plus tard « le bouddhisme ». Bernard précise néanmoins explicitement dans une note que Butso est la même personne que Fo, Xaca, Sommonacodom, Budhu, Witznou, Chacabout, etc.

Contrairement à cette démarche d'ouverture, les encyclopédies européennes de la seconde moitié du XVIIIe siècle eurent quant à elles tendance à reprendre les écrits missionnaires d'une manière plus dépréciative, caractérisée par l'emploi de catégories marquées par l'anticléricalisme des Lumières (« bigoterie », « superstition », « idolâtrie »...). L'*Encyclopédie* de Diderot et d'Alembert comporte ainsi l'article « lama », dont la rédaction reflète cette nouvelle manière d'envisager la religion :

« LAMA, s.m. (terme de Relation). Les *lamas* sont les prêtres des Tartares asiatiques, dans la Tartarie chinoise. Ils font vœu de célibat, sont vêtus d'un habit particulier, ne tressent point leurs cheveux et ne portent point de pendants d'oreilles. Ils font des prodiges par la force des enchantements et de la magie, récitent certaines prières en manière de chœurs, sont chargés de l'instruction des peuples et ne savent pas lire pour la plupart, vivent ordinairement en communauté, ont des supérieurs locaux, et, au-dessus de tous, un supérieur général qu'on nomme le *dalaï-lama*. C'est là leur grand pontife, qui leur confère les différents ordres, décide seul et despotiquement tous les points de foi sur lesquels ils peuvent être divisés ; c'est, en un mot, le chef absolu de toute leur hiérarchie [...] » (Diderot et d'Alembert, *Encyclopédie*, article « Lama »).

Ce que l'on appellerait plus tard « le bouddhisme » était par ailleurs décrit dans l'*Encyclopédie* de la manière suivante. La religion du Tibet n'y était pas associée :

« SAKIA, religion de, (Hist. Mod. Superstition) : cette religion qui s'est établie au Japon a pour fondateur *Siaka* ou *Xaca*, qui est aussi appelé *Budsdo* et sa religion *Budsdoïsme*. On croit que le *buds* ou *siaka* des Japonois est le même que le *foë* des Chinois et que le *visnou*, le *buda* ou *putza* des Indiens, le *sommonacodum* des Siamois, car il paraît certain que cette religion est venue originellement des Indes au Japon, où l'on professait auparavant la seule religion du *sintos*. Les Budsdoïstes disent que *Siaka* naquit environ douze cens ans avant l'ère chrétienne ; que son père était un roi ; que son fils quitta le palais de son père, abandonna sa femme et son fils, pour embrasser une vie pénitente et solitaire, et pour se livrer à la contemplation des choses célestes. Le fruit de ses méditations fut de pénétrer la profondeur des mystères les plus sublimes, tels que la nature du ciel et de l'enfer, l'état des âmes après la mort, leur transmigration, le chemin de l'éternelle félicité, et beaucoup d'autres choses fort au-dessus de la portée du commun des hommes. *Siaka* eut un grand nombre de disciples ; se sentant proche de sa fin, il leur déclara que pendant toute sa vie, il avait enveloppé la vérité sous le voile des métaphores, et qu'il était enfin temps de leur révéler un important mystère. "Il n'y a, leur dit-il, rien de réel dans le monde, que le néant et le vide : c'est le premier principe de toutes choses ; ne cherchez rien au-delà, et ne mettez point ailleurs votre confiance". [...] » (Diderot et d'Alembert, *Encyclopédie*, article « Sakia »).

On le voit, la rupture opérée par Burnouf dans l'imaginaire européen du bouddhisme est immense. L'idole grimaçante des siècles précédents a été remplacée par un être idéal et stéréotypé, que tout le monde peut aisément reconnaître et associer sans réfléchir aux notions de paix, d'harmonie et de sagesse. Dans l'esprit du public, le doute n'est aujourd'hui plus permis au sujet du Bouddha. C'est la raison pour laquelle on le retrouve dans les endroits les plus inattendus (salons d'esthétique, plateaux de télévision, compagnies d'assurances...), pour signifier le Bien. Burnouf ne s'attendait probablement pas à ce que le « philosophe » qu'il découvrit dans les textes sanscrits bénéficiât d'une telle postérité. Et pourtant, il est devenu le support d'attentes occidentales démesurées en matière de « spiritualité ». On s'attend en effet à ce que cette doctrine soit à la fois ancienne, conforme à la science la plus récente, libre, égalitaire, démocratique et axée sur le développement personnel des individus qui la mettent en œuvre. Cela n'a pas toujours été le cas, et remettre cette représentation actuellement dominante en perspective historique permet de relativiser sa pertinence.

Papes jaunes et gourous de secte

En effectuant quelques recherches sur Internet, je me suis rendu compte que d'autres personnes étaient arrivées aux mêmes conclusions : le bouddhisme réel n'a rien à voir avec l'image idéale que nous en donnent les médias occidentaux. Sur certains sites Internet extrêmement critiques, les lamas tibétains, qui représentent pourtant la forme de bouddhisme la plus populaire en Occident aujourd'hui, sont voués aux gémonies. Les auteurs de ces pages, pour la plupart d'anciens disciples déçus, les comparent à de cyniques manipulateurs, avides de pouvoir et de richesses. Certains n'hésitent pas à accuser le dalaï-lama lui-même d'être une espèce de démon d'extrême droite dont le but serait d'instaurer une domination politique mondiale au moyen de rituels maléfiques[5]. Suivant cette ligne d'interprétation complotiste, les accusa-

---

5. Voir le site francophone www.trimondi.de/francais/presentation.htm consacré au livre paru en allemand (non traduit en français) du couple « Trimondi », *L'ombre du Dalaï-lama. Sexualité, magie et politique dans le bouddhisme tibétain.*

tions tournent autour des notions d'abus de confiance d'une part, d'excès de naïveté de l'autre. Les lamas tibétains seraient des loups déguisés en agneaux, les Occidentaux des victimes sacrificielles immolées sur l'autel d'une « spiritualité » factice. Les rituels proposés aux pratiquants par ces maîtres tibétains ne seraient, en réalité, que des dispositifs de manipulation mentale destinés à priver les adeptes de toute résistance psychologique. Les lamas tibétains utiliseraient la dévotion et les visualisations tantriques pour aspirer, littéralement, la personnalité des Occidentaux. Il s'agirait, autrement dit, d'une entreprise internationale de vampirisme spirituel. Les auteurs expliquent que le rituel de Kalachakra, en particulier, est spécifiquement conçu pour conquérir le monde, et qu'à tous les endroits où ce rituel est donné, des catastrophes surviennent. Les attentats du 11-Septembre auraient eu lieu quelques mois après la tenue de ce rituel à New York par le dalaï-lama en personne. Les auteurs veulent également pour preuve de la malignité fondamentale du chef des Tibétains ses liens avec l'idéologie nazie et certains personnages peu recommandables, tels Julius Evola ou Shôkô Asahara, le gourou de la secte Aum Shinrikyô, responsable des attaques au gaz sarin dans le métro de Tokyo en 1995. Il est vrai qu'il existe des bases réelles aux interprétations développées par ces auteurs. Le tantra de Kalachakra est en effet un texte qui traite de l'instauration d'un royaume mythique, le royaume de Shambhala, et ce royaume est en effet censé devoir lutter de manière violente contre les peuples non bouddhistes présents sur les territoires à conquérir (en l'occurrence les populations musulmanes). Il est vrai, également, que les liens du dalaï-lama avec les nazis ne sont pas inexistants, ne serait-ce que par l'instruction que ce dernier a reçue, adolescent, de l'explorateur nazi Heinrich Harrer, auteur du célèbre *Sept ans au Tibet*. Il est aussi parfaitement démontré que la doctrine bouddhiste, qui revendique depuis les origines une noblesse aristocratique, a été utilisée par les idéologues nazis comme une ressource mythologique importante, à tel point que les Tibétains furent un temps considérés par eux comme les représentants les plus éminents de la race aryenne[6]. Quant aux visualisations des lamas comme des divinités auxquelles la dévotion et la soumission sont dues, elles sont effectivement au cœur de la pratique tantrique. Pourtant, les conclusions auxquelles parvient le couple d'Autrichiens caché derrière le pseudonyme de « Trimondi » relèvent de la science-fiction la plus délirante, et c'est avec un amusement gêné que j'ai lu leur somme paranoïaque. Ces auteurs ne bénéficient d'ailleurs d'aucune crédibilité auprès des chercheurs : ce sont des « scientifiques » autoproclamés qui ne font qu'augmenter la masse des ouvrages grand public consacrés aux complots politico-ésotériques en tout genre.

Le bouddhisme tibétain, que les auteurs affublent de l'ancien terme péjoratif de « lamaïsme » (terme utilisé aux XVIIIe et XIXe siècles pour parler des religions tibétaines comme d'une dégradation cléricale, superstitieuse voire démoniaque du bouddhisme ancien), est ainsi devenu dans certains cercles l'équivalent oriental de la franc-maçonnerie. À ce stade de

---

6. Donald S. Lopez Jr., *Buddhism and Science, A Guide for the Perplexed*, Chicago, Chicago University Press, 2008, chapitre 2, « Buddhism and the Science of Race ».

mon enquête, une conclusion s'imposait : le bouddhisme tibétain est le support des fantasmes les plus extravagants, et l'on se demande s'il est possible de poser sur lui un regard mesuré, juste et objectif. La grande majorité des discours qui lui sont consacrés l'envisagent soit comme la meilleure, soit comme la pire des choses, soit comme un idéal utopique, soit comme un épouvantail à reconnaître et à éradiquer. Les ouvrages savants et sérieux qui en traitent existent bel et bien, mais ils semblent laisser le grand public et les médias totalement indifférents. Il faut, pour vendre, d'édifiantes ou d'effrayantes histoires, non pas de simples descriptions mesurées et réalistes de ce que sont les pratiques religieuses adoptées par des populations étrangères. L'exotisme doit susciter une vive émotion, la simple curiosité intellectuelle n'étant plus suffisante. Je laissai donc de côté ces écrits sulfureux et me demandai ce qu'il était possible d'en tirer de positif en termes d'enseignement. Les réflexions que je me faisais alors étaient les suivantes. J'étais confrontée à deux interprétations également fausses, également déconnectées du réel et également simplistes du bouddhisme tibétain. D'un côté, ce dernier était présenté comme une « science de l'esprit » ancienne, majestueuse, parfaite, fondée sur la raison et démontrée dans les laboratoires neuroscientifiques les plus modernes, de l'autre, il était dénigré comme un complot diabolique. J'avais donc là essentiellement affaire à deux fictions : celle des lamas tibétains sauveurs de l'Occident matérialiste, capables de délivrer à ce dernier les clés d'une paix mentale inaltérable ; celle de la nouvelle secte géante du moment, d'autant plus dangereuse que ses porte-parole actuels sont encensés par les médias occidentaux. Je comprenais que cette dernière n'était que la transposition, en contexte contemporain, des représentations occidentales des siècles précédents. L'idée de « lamaïsme » avait perduré dans notre culture, mais elle s'était transformée. On ne parle plus seulement des abus du pouvoir clérical, on parle de complot politique mondial et de manipulation mentale. L'ennemi du jour pour les auteurs de ces discours n'étant plus, ou plus seulement, l'Église catholique, le dalaï-lama n'est plus désigné comme il l'était aux siècles précédents comme un « pape jaune », ni les lamas comme des « castes de prêtres abusant de la crédulité de leurs ouailles » : les religieux tibétains sont désormais traités comme les gourous super-puissants d'une tentaculaire secte mondiale dont le but serait la conquête du monde par le biais de techniques de manipulation mentale. L'objectif visé reste cependant, comme dans la version ancienne du « lamaïsme », l'asservissement d'un peuple jugé faible, crédule ou naïf. La plus grande partie du genre humain est ainsi toujours considérée comme stupide et manipulable à merci, jamais comme libre et responsable de ses choix, sachant se jouer habilement des autorités. En cela, cette nouvelle interprétation du « lamaïsme » est toujours redevable de l'anthropologie élitiste héritée des Lumières[7]. Ce qui change, c'est la forme d'institution et les méthodes utilisées pour ce faire : non plus une Église avec sa hiérarchie, ses dogmes et son autorité incontestée, mais la « secte

---

7. Sur ce point, voir les travaux de l'historien du droit Xavier MARTIN, *Nature humaine et Révolution française. Du siècle des Lumières au Code Napoléon*, Poitiers, Éditions Martin Morin, 2002, et *Naissance du sous-homme au cœur des Lumières. Les races, les femmes, le peuple*, même éditeur, 2014.

mondiale » empruntant à la fois au monde du marketing et à celui de la psychologie – le modèle, en somme, de l'Église de scientologie. En soi, cette résurgence et cette transformation partielle de la notion de lamaïsme, qui semblait plutôt avoir disparu, sont très intéressantes : elles désignent ce que sont, pour les Occidentaux d'aujourd'hui comparés à ceux d'hier, les formes du Mal religieux. Mais une autre question demeurait en mon esprit : pourquoi, entre deux fictions aussi ineptes l'une que l'autre, avait-on sauvegardé la première, celle qui fait des lamas tibétains les sauveurs spirituels de l'Occident, et oublié presque totalement la seconde ? Il n'y avait aucune raison, a priori, pour que l'une l'emporte sur l'autre. C'est ainsi que j'entamai une nouvelle recherche bibliographique. Je découvris que le succès des « maîtres tibétains », qui prévaut jusqu'à aujourd'hui, est essentiellement dû aux aléas de la vie et aux élucubrations d'une occultiste d'origine russe nommée Helena Petrovna Blavatsky.

Quelle est exactement l'histoire des « maîtres tibétains » en Occident et que vient y faire la magicienne russe ? Rappelons quelques faits. Les Occidentaux ont découvert « le bouddhisme » au milieu du XIXe siècle dans des textes sanscrits et palis rapportés en Europe par des agents coloniaux, des voyageurs et des collectionneurs. Alors que le Bouddha était essentiellement apparu au fil des siècles précédents comme un ensemble hétéroclite de figures démoniaques en provenance de pays divers (Chine, Corée, Japon, Sri Lanka, Tibet, Birmanie), le philologue français Eugène Burnouf comprit qu'il s'agissait, sous ses multiples formes régionales, d'un même personnage historique, qui avait fondé en Inde une religion nouvelle, rationnelle et égalitaire, en opposition à l'hindouisme. Eugène Burnouf publia en 1844 la première étude savante de ce que l'on a appelé « le bouddhisme » – à savoir l'enseignement délivré par ce sage indien réformateur.

La conception que les savants européens dégagèrent du bouddhisme s'opposait directement, pour des raisons conjoncturelles, à la tradition chrétienne[8]. Les déçus du christianisme ont ainsi découvert dans ces textes qu'il était possible de se constituer une éthique en dehors de l'Église, sans référence à Dieu ni à aucune instance surnaturelle, sans faire fi du bon sens ou de la raison ni espérer de récompense ou de punition dans l'au-delà pour les actes posés sur terre. La « loi du karma » au centre du bouddhisme est apparue comme une simple règle de rétribution morale dont la réalité serait observable ici et maintenant : faire le bien est immédiatement (ou presque immédiatement) profitable, tandis que faire le mal apporte immanquablement au fautif une punition quelconque, ne serait-ce que sous la forme d'un sentiment de culpabilité.

L'opposition au christianisme par le biais du bouddhisme servit aussi les intérêts des peuples d'Asie en voie de décolonisation. En effet, certains chantres de la « rencontre Orient-Occident » du XIXᵉ siècle, comme Alexandra David-Neel et le colonel américain féru d'occultisme Henry Steel Olcott, sont allés promouvoir et enseigner auprès des élites locales les vertus d'un bouddhisme rationnel. Surpris par la « superstition » dont faisaient preuve les Asiatiques, ils tentèrent

---

8. Voir mon article « Sur le déni de la religiosité du bouddhisme. Un instrument dans la polémique anti-chrétienne », *Le Débat* n° 184, 2015/2, p. 179-186.

de les réformer et de leur donner les bases « correctes » du bouddhisme, imaginé chez eux par les savants orientalistes. Les élites religieuses, intellectuelles et politiques du Sud-Est asiatique (Ceylan, Birmanie) reprirent alors à leur compte la vision idéalisée d'un bouddhisme rationnel dans le but de faire valoir leurs propres intérêts nationaux.

Mais ce furent surtout les membres de l'organisation occultiste fondée par Madame Blavatsky, la Société théosophique, qui développèrent une interprétation nouvelle et durable du bouddhisme, ainsi qu'une véritable mythologie liée spécifiquement aux « maîtres tibétains ». Le colonel Henry Steel Olcott (1832-1907) servit pendant la guerre civile américaine puis travailla comme journaliste à New York. D'éducation presbytérienne, il s'intéressa très jeune au spiritisme, auquel il consacra de nombreux articles. En 1874, il rencontra l'émigrée et médium russe Helena Petrovna Blavatsky (1831-1891). Leur intérêt commun pour les phénomènes psychiques, le spiritualisme, l'occultisme, l'ésotérisme et les religions orientales les rapprocha et, en 1875 à New York, ils fondèrent la Société théosophique. Cette organisation s'intéressa d'abord à l'occultisme puis aux « sagesses orientales » : religion de l'Égypte ancienne, hindouisme et bouddhisme. Madame Blavatsky élabora une synthèse à partir de ses connaissances partielles et la plupart du temps inexactes de ces traditions et, surtout, des doctrines occultistes et ésotériques occidentales qu'elle connaissait très bien pour les avoir longuement fréquentées (la Rose-Croix et la franc-maçonnerie, notamment). Elle l'appela « théosophie », du nom d'une tradition ésotérique européenne ancienne, et affirma qu'elle constituait la doctrine originelle commune à toutes les anciennes traditions religieuses et spirituelles du monde, qui n'en seraient que la dégradation. Selon elle, cette sagesse originelle avait été dispensée au cours des millénaires à l'humanité par des « grands maîtres » ou *mahatmas* originaires des continents perdus de l'Atlantide et de la Lémurie et résidant désormais au Tibet. Ces « grands maîtres » (dont les modèles étaient francs-maçons) auraient eu pour mission d'initier les élites spirituelles du monde à la « doctrine secrète ». L'objectif était de former progressivement une « fraternité universelle » éclairée, c'est-à-dire adepte de la tradition ésotérique forgée par Madame Blavatsky, qui entendait réconcilier science et religion et ainsi réconcilier le monde occidental matérialiste avec la « spiritualité » ou « sagesse primordiale »[9]. La fondatrice de la Société théosophique recevait mystérieusement des lettres de la part des *mahatmas* : par écriture automatique, télépathie ou « précipitation ». La communication avec les esprits des morts, compétence initiale de Madame Blavatsky à une époque où le spiritisme était très à la mode, s'est donc ainsi transformée en communication avec des êtres tout aussi immatériels : les « grands maîtres du Tibet ». Cette idée d'une transmission de la « sagesse universelle » par des lamas tibétains capables de régénérer l'Occident a ensuite été largement diffusée, dans des écrits littéraires et ésotériques, par de nombreux auteurs occidentaux (Alexandra David-Neel, Lobsang Rampa (né

---

9. Sur Madame Blavatsky, voir notamment Peter WASHINGTON, *Madame Blavatsky's Baboon. Theosophy and the Emergence of the Western Guru*, Londres, Seeker & Warburg, 1993.

Cyril Henry Hoskin), James Hilton, Anagarika Govinda (né Ernst Lothar Hoffmann), Theos Casimir Bernard, Walter Evans-Wentz, etc.). Cette fiction a été reprise dans diverses œuvres, romanesques ou cinématographiques, au fil des décennies qui ont suivi. L'exemple le plus récent est sans doute le film *Little Buddha* de Bertolucci, qui conte l'éveil spirituel d'un enfant et de sa famille grâce aux talents surnaturels de lamas tibétains. Les voyages des jeunes hippies européens et américains aux alentours de 1968 ont également donné corps à cette mythologie des « maîtres orientaux » et créé les conditions d'un nouveau marché pour ces derniers : il n'était plus nécessaire pour les Occidentaux de passer par les médiums ou par les livres pour avoir accès à la « sagesse originelle de l'humanité » détenue par les derniers sages de l'Himalaya, ces derniers peuvent nous la dispenser directement, moyennant finance. C'est ainsi que se sont mis en place, sinon une entreprise de colonisation spirituelle et de conquête mondiale du pouvoir politique, du moins de multiples réseaux économiques fondés sur l'échange matérialisme/spiritualité : les Occidentaux donnent une part de leurs richesses matérielles aux lamas qui offrent quant à eux des recettes de mieux-être au statut indéterminé, mi-re-ligieuses, mi-psychothérapeutiques. Le récit théosophique a ainsi doublement gagné : il s'est imposé contre celui des savants occidentaux du XIXe siècle qui dénonçaient l' « Infâme lamaïste », et il a donné lieu à un vaste marché littéraire, cinématographique et psychothérapeutique dans lequel les « maîtres orientaux » sont devenus des businessmen à la légitimité incontestable.

Une hippie vieillissante

Je suis arrivée à Bristol en février 2008, par le train en provenance de Londres. Mary Finnigan est venue me chercher à la gare en voiture. Je l'ai tout de suite reconnue d'après les quelques portraits que j'avais trouvés d'elle sur Internet : grande, à la carrure robuste, les cheveux courts poivre et sel, un visage dur, le regard méfiant. Elle avait une personnalité plutôt brusque, une voix grave, l'air suspicieux. Elle m'a demandé de but en blanc, sans autre forme de procès, comment j'en étais venue à m'intéresser à ce maître tibétain et ce que je comptais faire des résultats de mon enquête. Après que je lui eus exposé ma démarche, elle nous conduisit chez elle en me mettant en garde : je touchais là un sujet sensible, qu'elle connaissait mieux que quiconque et qui lui avait valu bien des soucis. Elle se tut. J'attendis patiemment d'en apprendre davantage. J'avais fait le déplacement pour tâcher d'éclaircir les rumeurs qui circulaient sur Internet au sujet de Sogyal Rinpoché, le lama dont j'avais visité le centre à Nice avec la réincarnation de Jeanne d'Arc. Il m'intéressait en outre de savoir quel pouvait être le parcours de celui qui est régulièrement présenté comme un « Bouddha pour l'Occident » : comment considérait-il les Occidentaux, quelle avait été sa stratégie pour se construire une légitimité auprès d'eux, était-il vrai qu'il profitait de sa robe de lama pour attirer les jeunes femmes dans son lit ?

Ce fut autour d'un thé que Mary Finnigan me conta son histoire. Elle habitait la moitié d'une maison jumelle du centre-ville. Chez elle, tout était en hauteur, à la verticale, et en chantier : des livres et des papiers traînaient partout, un vieux chat obèse était étalé sur le tapis rouge du salon, des plantes se fanaient sur le rebord de la fenêtre, de vieux restes d'encens poussiéreux étaient dispersés dans tous les coins. Les étagères regorgeaient de statuettes tibétaines dorées, les murs étaient couverts d'images de divinités colorées, de mandalas, de vieux parchemins portant des inscriptions tibétaines. La bibliothèque était spécialisée dans les ouvrages New Age et les « techniques tibétaines de guérison ». Il y avait aussi quelques romans classiques : Dickens en particulier, quelques Dostoïevski et des auteurs contemporains que je ne connaissais pas. Elle portait autour du cou un pendentif en forme de feuille de cannabis.

Sogyal Rinpoché avait quitté l'Inde au début des années 1970. La biographie officielle affirme qu'il étudia les religions comparées à l'université de Cambridge, mais Mary Finnigan affirme qu'elle l'a rencontré très peu de temps après son arrivée en Angleterre, et qu'il se trouvait alors dans un sanatorium de Cambridge. Il accompagnait un membre de la famille royale du Sikkim et tous deux se remettaient de la tuberculose, une maladie qui affecta de nombreux Tibétains confrontés au climat chaud et humide de l'Inde. Seuls les plus fortunés, cependant, pouvaient s'offrir le luxe d'un traitement antibiotique sur les terres matérialistes d'Occident. Sogyal Lakar (Sogyal Rinpoché) en faisait partie. D'après l'expérience de Mary Finnigan, sa première rencontre avec Sogyal Rinpoché n'est aucunement imputable au « charisme » irrésistible de ce dernier, comme l'affirment de nombreux commentateurs, mais plutôt à une série de coïncidences. D'abord, l'école des Nyingmapa, école à laquelle appartient Sogyal Rinpoché, était totalement inconnue en Angleterre à cette époque, contrairement aux trois autres. Ancienne hippie vivant dans un squat de Londres et convertie au bouddhisme lors de précédents voyages en Inde, Mary Finnigan est d'abord venue trouver le jeune Sogyal parce qu'elle souhaitait découvrir les traditions Nyingma, qu'il était alors l'un des seuls à représenter dans ce pays. Elle ne garde pas un souvenir extraordinaire de sa rencontre avec Sogyal Rinpoché. Selon Mary Finnigan, Sogyal Rinpoché était à l'époque plutôt insignifiant. L'une de ses amies, connue dans les milieux hippies pour être devenue nonne bouddhiste au Népal après avoir été actrice à Hollywood et héritière d'une grande fortune, Zina Rachevsky, lui avait proposé de se rendre à Cambridge, dans une clinique pour tuberculeux, afin d'y rencontrer l'un des rares représentants de l'école Nyingma. Cette dernière, à laquelle Zina Rachevsky appartenait, était très peu connue en Angleterre et Mary Finnigan était curieuse de la découvrir. Elle se rendit à l'adresse indiquée et y trouva un jeune Tibétain discret et, dit-elle, peu sûr de lui. Ils discutèrent ensemble dans le jardin du sanatorium, comparant les doctrines des différentes écoles tibétaines. Il lui remit un texte liturgique à pratiquer chez elle, demandant qu'elle le lui retourne lorsqu'elle l'aurait appris par cœur. Plusieurs mois plus tard, Mary Finnigan reçut un appel de Sogyal Rinpoché. Elle vivait alors avec trois autres personnes dans un logement abandonné dans le quartier de Kentish Town, au nord de Londres. Sogyal Rinpoché affirmait qu'il souhaitait venir à Londres et y fonder un centre bouddhiste. Ravie, Mary Finnigan l'y encouragea et lui proposa son aide. Elle organisa un dîner dans son logement désaffecté, auquel furent conviés ses amis, professeurs de yoga, hippies et jeunes professionnels. Ils devinrent les premiers étudiants de Sogyal Rinpoché.

L'idée de ce dernier était de fonder un centre en l'honneur de son propre maître, Dudjom Rinpoché. Ce centre devait servir de lieu de rencontres et d'échanges pour les bouddhistes occidentaux et de logement pour les lamas exilés de passage à Londres. Il n'était aucunement question de fonder un centre en son nom et au service de « l'adaptation du dharma à l'Occident ». Sogyal Rinpoché se présentait avant tout comme l'assistant et le traducteur de Dudjom Rinpoché, qui appartenait à la même école et venait de la même région du Tibet. L'établissement du centre ne fut rendu possible que grâce à l'aide du groupe de jeunes dévots avec lesquels Sogyal s'était mis à vivre – étant devenu l'amant de l'une de ses étudiantes. Ces jeunes dévots lui indiquèrent en effet l'existence d'un appartement spacieux laissé à l'abandon dans le nord de Londres. « Il nous a dit qu'il voulait mettre en place un centre à Londres », se souvient Mary Finnigan. « Mais, même à cette époque, au début des années 1970, cela coûtait beaucoup d'argent de mettre en place quoi que ce soit à Londres. Alors évidemment on ne pouvait pas se le permettre, parce que, pour la majorité d'entre nous, on ne travaillait pas. On était des hippies, des drogués, des socialistes, des gens de la rue, des squatters. Un très petit nombre d'entre nous avait des ressources. Et l'on ne pouvait pas se permettre de faire ça pour lui, en aucune façon ! » Quelque temps plus tard, l'une de ses amies leur annonça qu'elle avait connaissance d'un autre logement vacant et leur en donna l'adresse, dans le quartier de Kilburn. Le lendemain, le groupe de dévots prit possession du local « au nom de la tradition Nyingma et du bouddhisme tibétain ». C'était une grande maison jumelle avec un très beau jardin, un vaste salon doté d'un très beau plancher, le tout en excellente condition. Une épreuve de force s'engagea avec la mairie du quartier, qui se conclut par la victoire des dévots, qui profitèrent de la législation alors favorable aux squatters. Sogyal Rinpoché s'empara de la maison, y emménagea, quittant la femme avec qui il vivait à l'époque, et commença à organiser un « centre du dharma » consacré à l'apprentissage de la méditation et l'étude du bouddhisme selon la tradition Nyingma. Sogyal Rinpoché, vénéré par une foule toujours plus importante de jeunes Londoniens, se mit à diriger ces derniers d'une main de fer, au point de se faire surnommer « Sir Joe Toolkit » - au lieu de Sogyal Tulku, selon l'une des expressions honorifiques le désignant. Il était, selon Mary Finnigan, tout spécialement intéressé par ceux de ses disciples qui avaient les outils et les savoir-faire utiles pour aménager les lieux.

Les dévots étaient surtout motivés par l'idée de construire, à Londres, un lieu de rencontre et d'échange unique autour du bouddhisme tibétain : « Il a commencé à inviter des lamas dès qu'il a pu bénéficier de ces conditions favorables. Et c'était tellement grand qu'on pouvait les inviter à y loger. Les plus grands y sont passés : Dilgo Rinpoché, Tarthang Tulku Rinpoché, d'autres *khenpos*. C'était bourdonnant, absolument bourdonnant ! Le salon était toujours plein à craquer. C'était devenu le lieu de rencontres boud-dhistes à la mode. Rien de tel n'était encore jamais arrivé. Il y a eu, par exemple, des lamas qui ont chanté au Royal Albert Hall. Eh bien, le soir, ils étaient dans le squat de Kilburn ! » Étant donné l'ampleur que commençait à prendre le groupe, il devenait urgent de trouver un local plus important, et surtout légal. Il n'était pas question de construire un centre tibétain officiel dans un logement désaffecté arraché à la municipalité. Il s'agissait de trouver une solution durable. Des négociations furent engagées avec la municipalité : « Beaucoup d'entre nous étions très politisés. Nous pensions qu'il fallait manipuler le système. Nous savions bien que cette situation ne durerait pas. Ils allaient nous expulser, c'était évident. Quand on a appris qu'ils allaient nous mettre dehors, qu'ils avaient fait les démarches pour obtenir une décision de justice, on a commencé à chercher d'autres solutions. Alors, plutôt que d'aller au tribunal, et que tout cela devienne très public, on a décidé de traiter directement avec la mairie. Nous aurions

Les dévots du bouddhisme

aussi pu jouer la carte des pauvres immigrés tibétains jetés dehors sans pitié, mais nous avons préféré discuter avec la mairie. Celle-ci nous a donné un lieu pour notre association, "Orgyen Choling", qui était en fait un centre dédié à Dudjom Rinpoché et non de Sogyal. Il s'agissait d'une petite maison à loyer modéré, qui devait être réhabilitée ou démolie, sur Princess Road. C'est ainsi qu'à partir de ce logement illégal, nous avons déménagé dans ce logement à loyer très modéré – ce qui était un squat légal, si l'on peut dire. »

En 1976, Sogyal Rinpoché est allé rendre visite à un lama iconoclaste vivant aux États-Unis, Chögyam Trungpa. Celui-ci avait partiellement rompu avec les institutions tibétaines et développé une nouvelle « voie spirituelle » à partir du bouddhisme, qu'il considérait tout spécialement « adaptée aux Occidentaux ». Figure majeure et influente du bouddhisme occidental d'obédience tibétaine, il est connu pour ses ouvrages sur « le matérialisme spirituel », la « folle sagesse », la méditation ou encore « la voie du guerrier ». Le 11ᵉ Chögyam Trungpa est né dans la province du Kham en 1940. Il fut reconnu *tülku* à l'âge de 13 mois et intronisé au monastère de Surmang où il commença sa formation traditionnelle qui devait durer dix-huit ans. Ordonné moine novice à 8 ans, il eut pour maîtres des lamas de différentes lignées, notamment Dilgo Khyentsé Rinpoché. En 1958, il reçut le titre de *khenpo* (qui valide trois années d'études monastiques intensives) et fut ordonné moine. Parvenu à Kalimpong en 1959, il fut accueilli par l'Anglaise chargée par le dalaï-lama de former les *tülku* exilés, Frida Bedi (précédemment en charge de l'aide aux réfugiés). Il exerça

Une hippie vieillissante

les fonctions de conseiller à la Young Lamas Home School, école établie en 1960 à New Delhi par le dalaï-lama pour assurer une formation à la fois traditionnelle et occidentale à l'élite religieuse tibétaine. Outre la philosophie, le tibétain, le sanscrit, la poésie, l'astrologie, la calligraphie et les rituels, les jeunes lamas y apprenaient l'anglais et y recevaient quelques rudiments de science et de culture occidentales. En 1963, Chögyam Trungpa fut envoyé en Angleterre pour y étudier les religions comparées, la philosophie et les beaux-arts à Oxford. En 1967, un Canadien ordonné moine dans la tradition Theravada lui fit don d'un ancien pavillon de chasse en Écosse, récemment transformé en centre de méditation. Chögyam Trungpa s'y rendit avec son camarade d'exil, Akong Rinpoché, et y fonda le centre de Samye Ling, souvent présenté comme le premier monastère boud-dhique tibétain d'Occi-dent. Le centre attira de nombreux jeunes issus de la contre-culture, ainsi que quelques célébrités qui contribuèrent à sa renommée, tels David Bowie et Leonard Cohen. En 1970, à la suite d'un désaccord avec Akong Rinpoché, à qui il laissa la direction du centre, Trungpa partit pour les États-Unis, comme l'y avaient incité plusieurs de ses étudiants. Il venait d'être victime d'un grave accident de voiture, qui le laissa hémiplégique et provoqua chez lui une profonde remise en question. Il renonça à ses vœux monastiques, décida de devenir un enseignant laïque et épousa en janvier 1970 une aristocrate anglaise de 16 ans, Diana Judith Pybus. Il justifia cette décision par l'idée que ses étudiants ne devaient pas s'engager sous sa direction en raison de son habit exotique ni de leurs représentations du « lama tibétain ». Il considérait qu'ils devaient en outre renoncer à leur « matérialisme spirituel », cette attitude de consommateurs qu'il décelait chez les Occidentaux à la recherche d'une spiritualité facile. Pour décevoir et tromper ces attentes, il se mit ostensiblement à boire, fumer, consommer diverses drogues, coucher avec ses étudiantes et à faire attendre son public de longues heures avant de venir donner ses enseignements. Il publia un premier livre d'enseignements, qui proposait une voie de pratique laïque et active au public occidental : *Méditation et Action*. Il établit dans le Vermont son premier centre de méditation, qu'il nomma tout d'abord Tail of the Tiger, et plus tard Karmé Chöling. Quelques années plus tard, il fondait Vajradhatu, réseau de centres placés sous sa direction et dont le siège central était établi à Boulder, dans le Colorado. Il y organisa et y dirigea six séminaires de trois mois, consacrés à la pratique de la méditation. Il fonda la lignée Shambhala, s'inspirant de *tantra* relatifs au royaume mythique du même nom. Pour concrétiser ce nouveau royaume, il établit une « cour royale » au sein de sa communauté, dont il se déclara monarque. Ce comportement délibérément provocateur, dont il entendait faire un « moyen habile » pour « briser les concepts » et « l'ego » de ses étudiants (dont il ne cessait pas de dénoncer les « névroses »), a rapidement été théorisé par son auteur sous l'appellation de « folle sagesse » (*crazy wisdom*). En 1976, Trungpa désigna son « régent Vajra », un Américain nommé Thomas Frederick Rich, devenu Ösel Tendzin. Ce dernier fut destitué quelques années plus tard pour avoir consciemment transmis le virus du sida à des membres de la communauté, hommes et femmes. Il argua que « les bénédictions de Trungpa » dont il était porteur protégeaient ses partenaires sexuels. Ce n'est qu'en 1986, un an avant sa mort prématurée (pour alcoolisme), que Trungpa décida d'adoucir les mœurs qu'il avait instaurées dans ses premiers centres. Il partit alors fonder un centre au Canada, en Nouvelle-Écosse, où quelques centaines de ses élèves s'étaient déjà établis. Il laisse aujourd'hui plus d'une centaine de centres de méditation à travers le monde et une vingtaine d'ouvrages à succès. C'est sur ce personnage hétérodoxe que Sogyal Rinpoché prit modèle à partir de 1976. Ses étudiants de l'époque se souviennent avoir vu leur maître revenir à Londres dans un état d'esprit radicalement différent. Il insista pour qu'on l'appelle « Rinpoché », se mit à réprimander et à humilier ses disciples en public. Il affirma à l'une d'elles, Victoria Barlowe, jeune femme rencontrée au centre de Boulder, qu'il admirait l'œuvre de Trungpa et souhaitait adopter son style de vie : « Sogyal était captivé par les conquêtes sexuelles de Trungpa. Il m'a déclaré sans ambages, qu'il voulait avoir la même chose que Trungpa, et voulait vivre comme lui, comme une *rock star*. » Selon les disciples de l'époque, son appétit sexuel devint de plus en plus insatiable, et il ne s'en cacha plus. Il sortait aussi bien avec certaines de ses étudiantes, comme Trungpa, ainsi qu'avec des jeunes filles rencontrées à l'extérieur du groupe. Cela suscita, jusqu'à aujourd'hui, des controverses inces-santes, qui donnèrent lieu à un procès aux États-Unis en 1994[10]. En 1978, sur le modèle de Trungpa, Sogyal Rinpoché

---

10. Voir Don LATTIN, « Best-selling Buddhist author accused of sexual abuse », *San Francisco Free Press*, 10 novembre 1994.

fit scission avec son maître Dudjom Rinpoché et créa sa propre organisation, qu'il appela Rigpa, « la connaissance ultime ». Il quitta le local situé sur Princess Road et, grâce au don de 100 000 livres sterling généreusement fait par l'acteur John Cleese, grand admirateur de Sogyal Rinpoché, ce dernier put obtenir un bail pour un autre local, situé dans le quartier de Camden Town, et démarrer sa nouvelle carrière indépendante. L' « adaptation à l'Occident » ou encore la « modernité » de ces maîtres est souvent décrite par leurs partisans et les observateurs peu avertis comme un don pédagogique particulier, une capacité intellectuelle particulière à saisir la mentalité occidentale et à lui proposer des solutions visant son épanouissement. Lorsque l'on s'extrait de la vulgate développée par ces groupes, cependant, et que l'on s'intéresse aux parcours réels (et non imaginés) de ces « maîtres spirituels », on s'aperçoit que la « modernité » de ces derniers tient plutôt au fait qu'ils ont su parfaitement s'adapter au marché occidental de la « spiritualité » et su saisir toutes les opportunités de développement de carrière individuelle qui s'offraient à eux. Ces « maîtres », que l'on crédite a priori d'intentions purement religieuses et bénévoles[11], sont avant tout des entrepreneurs efficaces, et c'est en cela qu'ils sont « parfaitement adaptés à l'Occident ».

---

11. Notamment parce qu'ils sont tibétains et que les Tibétains, selon la fiction théosophique toujours en vigueur, seraient des esprits purs, détachés de toute contingence matérielle. Pour une étude critique de cette vision des choses, voir Donald S. LOPEZ Jr., *Fascination tibétaine. Du Tibet, de l'Occident et de quelques mythes, op. cit.*

Où j'essaie de soigner mon esprit

Cet hiver-là, je me suis également rapprochée de « groupes de pratique » londoniens, grâce à des personnes rencontrées lors de ma retraite en Bretagne. Je me souviens notamment d'une soirée organisée dans le quartier chic de Swiss Cottage, au nord de Londres. C'était un appartement coquet et chaleureux, appartenant à une psychiatre. Le parquet du salon était recouvert de tapis persans raffinés, les murs de tableaux sombres évoquant la peinture hollandaise. Un piano trônait dans la pièce. Une bougie parfumée de grande marque brûlait délicatement sur une table basse, à côté de magazines culturels plutôt austères, tandis qu'un grand bouquet d'arums ornait la cheminée. Nous étions chez des intellectuels et des esthètes, sans grand rapport avec le milieu gauchiste dans lequel évoluait Mary Finnigan. La petite assistance rassemblée là était composée de gens que je n'avais encore jamais vus, à part l'Anglaise qui m'avait conviée à la soirée et logée chez elle le temps du week-end, par pure solidarité entre « sœurs du dharma ». Tous faisaient un effort de concentration visible, tâchant de faire bonne impression dans cet environnement empreint de haute culture. On se tenait le dos bien droit, les jambes croisées dans une attitude élégante et attentive et on hochait la tête d'un air entendu, au bon moment, pour signaler aux autres sa propre intelligence. Tout cela me paraissait manquer de spontanéité. L'atmosphère s'est cependant détendue quand une femme d'âge moyen, qui représentait une association humanitaire, prit la parole pour exposer son travail dans les régions himalayennes. Elle venait en aide aux enfants et proposait des parrainages. La conversation s'anima autour de sujets plus concrets liés aux conditions de vie des enfants, et les convives prirent un apéritif autour de la table où était ouvert le catalogue des enfants à parrainer. Je fis ainsi la connaissance de plusieurs bouddhistes britanniques, tous disciples de « Sa Sainteté » le 12e Gyalwang Drukpa. Ils se réunissaient en fin de semaine pour pratiquer ensemble la méditation et les rituels tantriques prescrits par la lignée. J'étais frappée de constater que, comme à Monaco, il s'agissait d'un groupe d'individus plutôt huppé. À vrai dire, il faut avoir de l'argent pour s'engager dans le bouddhisme : adhésion à l'association, frais de cours, frais de retraites, dons au lama, achats de livres, de livrets et d'objets liturgiques, pèlerinages éventuels en Inde ou dans les régions himalayennes, parrainage d'enfants ou de moines en vue de la purification de son karma...

C'est au cours de cette soirée que je fis la connaissance d'un jeune psychothérapeute d'origine allemande, que pour des raisons de confidentialité je prénommerai Alexander. Chose intéressante, il était à la fois disciple du Gyalwang Drukpa et de Sogyal Rinpoché, l'entrepreneur tibétain dont je venais de découvrir la trajectoire personnelle. Alexander enseignait la « méditation » au centre Rigpa de Londres, en tant que bénévole. Il semblait passionné par ce qu'il considérait comme une pratique thérapeutique aussi ancienne qu'adaptée au mode de vie de citadins occidentaux. Il se servait par ailleurs de la « méditation » comme d'une méthode d'introspection dans son travail de thérapeute. Sa vie, en somme, voulait être centrée sur la pratique du bouddhisme. Il m'invita à rester quelques jours chez lui pour prolonger mon séjour en Angleterre et mieux y découvrir les facettes de la « pratique ». Il semblait prendre cela comme une espèce de devoir religieux – bien que ma condition de jeune femme ne fût probablement pas sans rapport avec la chaleur de son hospitalité. Il habitait une assez grande maison avec jardin, située en proche banlieue. Son colocataire – et propriétaire – était un grand homme sec d'une soixantaine d'années, lui-même bouddhiste et amateur de musique ancienne. Il jouait du clavecin et avait fabriqué son propre instrument. Le soir, il jouait du Couperin tandis qu'Alexander lisait ou pratiquait la « méditation ». Seules les préoccupaient les choses de l'esprit : la salle de bains ainsi que la cuisine étaient dans un état de saleté déplorable et je dus y remédier moi-même pour ne pas rendre ce séjour invivable. Effet de « l'état d'esprit du méditant », formule qui revenait souvent dans leurs discours, ou simple conséquence de la cohabitation de deux célibataires endurcis ? Les deux, probablement. Toujours est-il que j'en appris beaucoup lors de ce séjour sur ce que peut être la pratique du bouddhisme par des intellectuels occidentaux aisés. Il faut tout d'abord disposer de beaucoup de temps libre et éviter les engagements familiaux. Une grande partie de la matinée est consacrée à la « méditation ». Tôt le matin, dans la « salle de pratique », qui faisait aussi office de cabinet professionnel, Alexander s'enferme en silence et s'enroule dans une grande couverture. Assis par terre sur un coussin, il ferme les yeux et sourit d'un air heureux, telle l'antique statue de Bouddha. Trois quarts d'heure plus tard, il va prendre son porridge, toujours en silence. Alexander est strictement végétarien et, à part de l'avoine et du tofu, ne mange pratiquement rien. Après sa séance d'introspection personnelle, il lit des textes de « grands maîtres ». Dans sa chambre, il y a un petit autel avec une étagère, sur lequel sont posés des photographies de maîtres – dont Sogyal Rinpoché – et divers objets liturgiques tibétains : cloche, sceptre, lampe à beurre, chapelet et un objet de nature indistincte qui me fut présenté comme une relique. Les murs sont peints en bordeaux, de manière à rappeler les monastères tibétains. Assis dans son fauteuil ergonomique ultrasophistiqué, Alexander m'a expliqué d'un air compatissant et subtilement supérieur les principes de la psychothérapie qu'il pratique avec ses deux ou trois clients quotidiens. Il s'agit d'aider la personne à se mettre dans un état de « présence totale à l'instant présent », « sans jugement », « dans l'acceptation de ce qui vient ». Le thérapeute intervient pour provoquer ou souligner les prises de conscience de la personne, le plus souvent en posant deux questions invariables, applicables à toutes les circonstances : « Que se passe-t-il en vous maintenant ? Comment le ressentez-vous ? » (*What's happening now ? How is that for you ?*). Le but est d'aider le patient à être pleinement présent à l'activité qu'il est en train de faire, sans penser ni au passé ni au futur, de manière à réduire le stress et à mener une vie plus « pleine de sens ». Le moment présent doit être pris, en quelque sorte, dans sa nudité radicale, c'est-à-dire comme une situation concrète, insignifiante en elle-même mais sur laquelle la personne projette les concepts mentaux qui lui sont propres. Ces derniers, positifs ou négatifs, entachent la réalité pour la rendre agréable ou désagréable. L'objectif de cette attention à l'instant présent est ainsi de rendre la personne responsable de ce qu'elle ressent, en lui faisant relativiser des émotions ou des pensées qui lui paraissent à tort émaner de la réalité elle-même, alors qu'elles ne proviennent que de son histoire personnelle ancienne, laquelle agit comme une espèce de fantôme paralysant. De plus, en réduisant la distraction mentale entraînée par les pensées et émotions parasites, la personne retrouve calme et harmonie, efficacité, et se « reconnecte à sa véritable nature ». Cette dernière est difficile à décrire, m'avertit d'un regard profond le psychothérapeute. Il faut avoir recours aux enseignements des grands maîtres pour comprendre ce dont il s'agit réellement. Mais, en toute modestie m'informa-t-il, il lui était possible de me donner là-dessus quelques éclaircissements préalables. Sa révélation se résuma, de fait, à quelques notions New Age stéréotypées sur le « potentiel illimité de chacun », dont je savais qu'elles n'avaient pas grand-chose à voir avec le bouddhisme asiatique.

La « méditation » est un terme abstrait, un mot au fort pouvoir évocateur, qui renvoie, dans le sens commun, à une multitude de pratiques mentales censées apporter le calme, la sérénité et l'apaisement dans un monde en proie à l'agitation. Le terme vient du grec *mélété*, qui signifie « entraînement », « exercice ». Sa traduction latine, *meditatio*, désigne surtout l'activité consistant à porter son attention sur un objet de pensée, le fait de réfléchir à des sujets profonds, comme le sens de la vie et la manière dont il convient de s'habituer à la mort. Le mot « méditation », bien qu'aujourd'hui essentiellement associé aux « spiritualités orientales » et particulièrement au bouddhisme, est en réalité un terme qui tient son prestige intellectuel de la tradition occidentale classique dont il est issu – c'est-à-dire des œuvres et des pratiques culturelles héritées de l'Antiquité gréco-latine, du christianisme et de l'humanisme. Dans ce contexte, la méditation est liée à la quête de soi ou de Dieu. Il s'agissait, pour les Grecs et les Latins, de méditer pour se connaître soi-même, suivant l'injonction socratique à s'interroger. Pour les chrétiens du Moyen Âge, la *meditatio* était indissociable de la lecture des Évangiles. Elle désignait notamment un ensemble de techniques mnémotechniques permettant de retenir les textes sacrés et de les restituer sous des formes nouvelles et originales[12]. Assimilée à la contemplation (des scènes illustrées de la vie de Jésus, notamment), elle était aussi une manière de se rapprocher de Dieu, comme la prière. La méditation renvoie ainsi, en Occident, à l'œuvre

---

12. À ce sujet, voir Mary CARRUTHERS, *Machina memorialis. Méditation, rhétorique et fabrication des images au Moyen Âge*, trad. de l'anglais États-Unis) par Fabienne Durand-Bogaert, Paris, « Bibliothèque des Histoires », Gallimard, 2002.

des stoïciens, des épicuriens, puis des néoplatoniciens et des chrétiens. L'aura de profondeur, de mysticisme et de sagesse qu'évoque ce mot s'explique ainsi davantage par ce riche héritage culturel que par la vague récente de la « méditation » orientale, qu'elle soit liée au yoga, au bouddhisme ou à la soi-disant laïque et scientifique « pleine conscience » (*mindfulness*). Il faut en outre rappeler que ce que l'on nomme aujourd'hui « méditation » est loin d'être une pratique majoritaire du bouddhisme asiatique. Elle n'a d'ailleurs jamais été considérée comme centrale avant le XXe siècle.

L'essentiel des pratiquants, qu'ils soient laïques, moines ou nonnes, se sont en effet traditionnellement consacrés à la purification de leur karma, en vue d'atteindre non pas l'éveil mais une meilleure renaissance. Cela passait par le respect de règles morales, par la préservation des enseignements du Bouddha (les livres étant traités comme les supports d'une pensée mais également comme des reliques à vénérer) et par le don aux communautés monastiques, pourvoyeuses de bénédictions. Le *vinaya*, recueil de règles pour la vie monastique, ne donne pratiquement aucune information sur la manière dont la pratique de la méditation a pu être institutionnalisée. On peut déduire de cette lacune que cette dernière ne faisait probablement pas partie de la routine quotidienne établie par les monastères indiens. Les moines vouaient plutôt l'essentiel de leur temps à la récitation de textes. Pour l'essentiel, la méditation semble plutôt avoir été l'affaire d'une poignée d'ascètes, vivant dans les forêts à longueur d'année, assis sous des arbres qui leur servaient d'abris pendant la saison des pluies. Ces ascètes étaient mal vus des moines de la ville. Le *vinaya* les décrivait en effet comme des individus négligés, crasseux et grossiers et leur recommandait instamment de suivre un certain nombre de règles d'hygiène. Quant à la littérature des *sutra*, elle n'aborde la méditation que lorsqu'il s'agit de moines, quelquefois de nonnes, et très rarement de laïques. Le Bouddha semble en effet avoir estimé que la méditation était trop exigeante pour les laïques, qui devaient pouvoir se consacrer à leur travail dans le monde. Le principal moyen mis à leur disposition par le Bouddha pour espérer pouvoir se réincarner en moine était essentiellement celui des dons à la communauté monastique. Au sein même des monastères bouddhistes d'Asie, seule une minorité de moines se consacraient effectivement à la méditation – y compris dans la tradition zen. Les monastères ont en effet besoin, pour fonctionner, de moines qui se consacrent à la direction de l'établissement, aux finances, aux services liturgiques destinés aux laïques, à la copie des écritures, aux travaux agricoles, à la cuisine, aux tâches ménagères, etc. Au Tibet, la pratique de « la méditation » n'est d'ailleurs pas connue. Un jeune Occidental qui se rendrait aujourd'hui dans les monastères reconstitués d'Himalaya pour y apprendre « la méditation » en reviendrait bredouille. On lui proposerait, à la rigueur, la pratique des rituels tantriques, ce qui serait une entorse à la règle, dans la mesure où ces derniers ne sont pas transmis aux laïques (sauf dans le cas assez exceptionnel des communautés de tantristes – les yogis mariés[13]). De nombreux bouddhistes

13. Sur les tantristes, voir Nicolas SIHLÉ, *Rituels de pouvoir et de violence, la figure du tantriste tibétain*, Turnhout (Belgique), Brepols, 2013.

Les dévots du bouddhisme

considèrent de toute façon que la pratique de la méditation, en ces « temps dégénérés », ne servirait à rien.

Il existe en fait des centaines de pratiques bouddhiques que l'on pourrait classer dans la catégorie occidentale de la « méditation ». Certaines ont pour but de développer des états de concentration et de béatitude mentale très profonds, d'autres consistent à analyser les différentes composantes du corps et de l'esprit pour s'apercevoir de l'inexistence d'un « soi » intangible, d'autres encore ont pour objectif la rencontre directe avec le Bouddha. La « pleine conscience », aujourd'hui promue comme arme antistress par le psychiatre américain Jon Kabat-Zinn, n'est que l'une de ces pratiques. Ce n'est que récemment qu'elle a émergé comme « technique de l'esprit » prééminente, capable de soigner, « dans la conscience sans jugement du moment présent », l'obésité, la pression artérielle, le stress, l'eczéma ou les relations amoureuses. Cependant, avant l'arrivée des psychiatres occidentaux, la « pleine conscience » n'a jamais servi de béquille neuroleptique à la médecine. Elle n'était pas faite pour améliorer la condition physique, mais au contraire pour s'en libérer. *Smrti* – un terme que l'ancien administrateur colonial britannique devenu l'un des plus grands spécialistes européens du bouddhisme au XIXe siècle, Thomas Rhys Davids, a traduit le premier par *mind-fulness* – ne désigne pas un type de méditation, mais l'un des facteurs nécessaires à toute pratique spirituelle. Il existe en effet, dans le bouddhisme, une liste de 37 facteurs susceptibles de conduire à l'éveil. *Smrti*, la « pleine conscience », en fait partie. Elle constitue également le septième élément de l'octuple sentier. La « pleine conscience » fait partie plus spécialement des programmes d'entraînement de l'esprit : c'est elle qui lui permet de se concentrer sur un objet puis d'y revenir en cas de distraction. On pourrait donc la traduire également par « concentration ». Il s'agit d'un préalable à toute pratique méditative, liturgique ou rituelle. L'objectif est d'apprendre à se déprendre de l'attachement à son propre corps, en en comprenant le caractère illusoire. Traditionnellement, il ne s'agissait pas, comme aujourd'hui, de « prendre conscience du moment présent », d' « accepter les émotions comme elles viennent » ou encore « apprendre à s'aimer tel qu'on est ». Il s'agissait plutôt d'être conscient des différentes parties de son corps pour réaliser qu'il n'est pas un tout indissociable mais un ensemble composé d'éléments interdépendants, puis de prendre conscience de ses sensations pour réaliser qu'elles ne proviennent en définitive que d'états d'esprit passagers, ensuite de prendre conscience de ses émotions pour réaliser la manière dont elles affectent l'esprit lui-même, enfin de contempler plusieurs doctrines clés, tels la conception bouddhique du corps et de l'esprit et l'octuple sentier. La pratique de la conscience du corps comporte quant à elle 14 exercices, qui commencent par l'attention au souffle (exercice que l'on retrouve aujourd'hui dans la plupart des cours de méditation pour Occidentaux), se poursuivent par l'attention aux quatre postures du corps (marchant, debout, assis, couché), à l'ensemble des activités, aux composantes répugnantes du corps (ongles, bile, crachats, excréments), aux quatre éléments qui le constituent (terre, eau, feu, air), pour finir avec les « contemplations de

Les dévots du bouddhisme

charniers », qui consistent à s'intéresser à la décomposition en neuf phases des cadavres humains. L'objectif est ainsi de réaliser que le corps est un ensemble temporaire d'éléments impurs, dénué de toute existence réelle ou intrinsèque, donc parfaitement indésirable. Une technique similaire consiste à regarder les belles jeunes femmes comme des sacs remplis de sang, de bile et d'excréments et à les imaginer sous leur forme future de cadavres pourrissants. Nous sommes donc loin des considérations psychologiques axées sur « l'acceptation de soi et de l'autre » prônée par les défenseurs actuels de la *mindfulness*. Il est possible que cette dernière réduise le stress, la distraction et la pression artérielle (mais cela reste encore à prouver rigoureusement, par exemple en comparant l'efficacité de la méditation à celle de la pratique d'un sport, d'un instrument de musique ou encore d'une sieste), il est également possible qu'elle soit une aide à l'introspection, mais elle ne peut se prévaloir, pour se légitimer, de l'antique tradition bouddhique dont elle s'écarte radicalement.

Comme le rappelle Erik Braun[14], la vogue actuelle de la méditation de la « pleine conscience » a pris naissance dans un contexte politique particulier : celui de la colonisation du royaume birman par l'Empire britannique, il y a un peu plus d'un siècle. Le 28 novembre 1885, les Anglais ont en effet pris possession du pays, détruisant non seulement ses structures administratives et politiques mais également

---

14. Erik Braun, *The Birth of Insight, Meditation, Modern Buddhism, and the Burmese Monk Ledi Sayadaw*, Chicago University Press, 2013. Voir également son article « Meditation *En Masse*. How colonialism sparked the global Vipassana movement », *Tricycle*, printemps 2014.

l'ordre du monde connu des Birmans. Pour ces derniers, le roi n'était pas seulement un chef d'État, mais également le centre de l'univers bouddhique. Il siégeait sur un trône autour duquel gravitait le cosmos et à partir duquel il devait protéger les enseignements du Bouddha, de manière à retarder le plus possible leur disparition programmée, ainsi que le chaos qui devait s'ensuivre. L'arrestation et l'exil du roi Thibaw furent évidemment vécus par les Birmans comme un traumatisme. Les Anglais avaient décidé de contrôler directement la Birmanie, sans passer, comme ils le firent dans d'autres pays, par des monarques ou des gouverneurs locaux. Le pouvoir revenait directement à la reine Victoria, impératrice des Indes. Seulement, les Birmans ne pouvaient raisonnablement attendre de la reine qu'elle remplisse la mission traditionnellement confiée au roi birman. Il ne leur suffisait pas qu'elle garantisse la liberté de culte : il leur fallait encore qu'elle défende activement le bouddhisme, notamment contre les entreprises des missionnaires chrétiens. La chose était évidemment impensable. C'est ainsi que, pour la première fois dans l'histoire du bouddhisme asiatique, des communautés laïques prirent en charge la protection et la transmission des enseignements du Bouddha. Elles s'organisèrent en clubs et en associations, se mirent à étudier les textes doctrinaux des plus simples aux plus complexes, et se firent aider par des moines, dont certains devinrent des prédicateurs stars, prenant parfois le nom d'acteurs populaires pour se faire connaître. Ils publièrent des livres et des brochures à bas prix pour diffuser les enseignements, des philosophies compliquées de l'*Abhidhamma* aux sections du canon Pali détaillant les caractéristiques de l'esprit et de la réalité. Les laïques n'avaient jamais eu accès à une telle quantité de sources. Des débats doctrinaux enflammés eurent lieu, de même, parfois, que des autodafés. Certains maîtres devinrent les porte-parole des laïques. Parmi eux, figurait notamment Ledi Sayadaw (1846-1923), l'un des premiers à revaloriser le bouddhisme laïque et à mettre en avant une pratique simplifiée et accessible de la méditation. Selon lui, l'idéal reste de s'isoler dans la jungle ou les montagnes pendant plusieurs années, mais il est également possible de pratiquer la méditation dans la vie laïque, en s'entraînant, notamment, à observer la transformation constante des quatre éléments (feu, air, terre, eau) dans la nature. Il affirma qu'il n'était pas indispensable d'entrer dans des états de concentration profonde (*samadhi*) pour pratiquer la méditation de la « vue pénétrante » (*vipassana*), revenant en cela sur les opinions communément admises. Une concentration minimale appelée « concentration momentanée » (*khanika-samadhi*) suffisait désormais pour atteindre la vue pénétrante « pure » ou « brute » (*suddha-vi-passana* ou *sukkha-vipassana*). Cette approche avait déjà été discutée au plan théorique dans des textes faisant auto-rité, mais elle n'avait jamais été promue à grande échelle, comme le fit Ledi Sayadaw. Celui-ci ouvrait ainsi la pratique de la méditation aux paysans, aux commerçants et aux femmes au foyer. L'œuvre de Ledi Sayadaw fut poursuivie par d'autres maîtres, tel Mingun Sayadaw, et la pratique de la méditation se propagea à travers la population birmane, notamment dans les années 1930. L'un des enseignants qui contribuèrent à la diffusion de cette pratique à l'ensemble du monde fut U Po Thet, un disciple de Ledi Sayadaw connu sous le nom de Saya Thetgyi (1873-1945). Il fut l'un des premiers laïques à avoir été autorisés à enseigner le bouddhisme – y compris à la communauté monastique – et fut à l'origine d'une lignée d'enseignants laïques de la méditation *vipassana*. Après l'indépendance de la Birmanie, les dirigeants firent du mouvement Vipassana une composante essentielle de leur politique visant à unifier le pays par le bouddhisme. Ils créèrent des centres de méditation et envoyèrent des moines et des enseignants laïques enseigner dans le monde. De même, des étrangers vinrent apprendre en Birmanie les bases de la méditation laïque et c'est ainsi que se développa à travers le monde la si bénéfique « méditation de pleine conscience ».

LA DIVA DU BOUDDHA

Lorsque j'ai quitté Mary Finnigan, nous nous étions promis de nous tenir informées des nouveaux contacts que nous pourrions obtenir dans le cadre de nos enquêtes respectives. Peu de temps après mon séjour en Angleterre, je reçus de sa part les coordonnées d'une jeune femme qui disait avoir récemment été victime d'abus sexuels de la part de Sogyal Rinpoché. Elle se faisait appeler « Mimi » et semblait mener une vie insouciante de voyage et de luxe, entre séjours de détente chez des amis fortunés et cours de chant lyrique auprès de professeurs réputés du monde entier. Elle vint me trouver chez moi, à Paris, où elle passait quelques jours entre deux vols internationaux. C'était une frêle et petite jeune femme de 30 ans, d'une élégance et d'un maintien très singuliers pour son âge. Elle était vêtue d'un long manteau de peau marron, un vêtement de prix que l'on devinait issu d'une grande maison parisienne. Elle portait également une étole indienne aux reflets mauves, une petite jupe en daim beige, des bas en dentelle noire, des escarpins à hauts talons. Son visage était fin, précieux, empreint d'une certaine noblesse, on la sentait intelligente, sensible et cultivée. Ses lèvres charnues, humides, en forme de cœur, étaient étirées vers le haut. Elle avait les yeux noirs, légèrement plissés et d'épais sourcils qui lui donnaient du caractère. Ses cheveux étaient bouclés, assez courts, et déjà grisonnants. Elle exhalait autour d'elle une senteur chaude et musquée, sauvage, déconcertante, totalement décalée par rapport à son allure bourgeoise. Elle parlait avec les mains, de petites mains manucurées, nerveuses et couvertes de bijoux. Elle était venue là avant tout pour se confier, comme je le devinai rapidement. Ses tentatives de publications et d'attaques en justice ne furent que de maigres coups d'épée dans l'eau, qui n'aboutirent jamais faute de réelle volonté. Au cours de plusieurs échanges qui m'entraînèrent dans les salons les plus chics de Paris et de Londres (je fus notamment invitée à dîner chez un oligarque russe retrouvé « suicidé » un an plus tard), elle me confia son histoire, des confidences sur le fonctionnement interne de l'organisation de Sogyal Rinpoché, ainsi que plusieurs documents corroborant largement ses propos.

Mimi était entrée chez Rigpa en 2000, à l'âge de 22 ans, pour suivre son père qui y était très impliqué en tant qu'instructeur. Son père, ancien pilote d'Air France, s'est intéressé au bouddhisme au cours de sa jeunesse au Vietnam, puis a été pendant plusieurs années le disciple du maître japonais zen Taisen Deshimaru (1914-1982), l'un des principaux importateurs du bouddhisme zen en Europe. Sa fille, née d'un mariage avec une hôtesse de l'air japonaise, déclare avoir eu des difficultés à comprendre pourquoi son père, un Occidental de famille catholique, cherchait à pratiquer le bouddhisme. Sa mère, quant à elle, ne s'occupait de bouddhisme qu'à l'occasion de funérailles, comme la plupart des Japonais. C'est ainsi par son père, Français, et non par sa mère, Japonaise, que Mimi s'intéressa au bouddhisme. Elle fréquenta pendant quatre ans les centres Rigpa de Levallois-Perret, de Lerab Ling (dans l'Hérault), et d'autres situés en Allemagne, en Grande-Bretagne, aux États-Unis et en Australie. Le récit de son parcours donne une idée du processus de sélection, du statut et des fonctions de ces jeunes femmes, non Tibétaines, élues par Sogyal Rinpoché pour devenir des *dakinis*[15].

C'est au cours d'une retraite que Sogyal Rinpoché a remarqué Mimi, alors étudiante en japonais à l'Institut national des langues et civilisations orientales (INALCO). Lors d'une retraite en Allemagne, celui qu'elle appelle désormais « le gourou » s'introduisit dans la chambre d'un instructeur avancé, Seth, alors qu'il y discutait avec Mimi. Il s'entretint avec elle sur un mode galant et lui demanda de lui faire un massage des mains. Ayant accepté la demande incongrue, elle dut venir lui masser les mains et les pieds dans sa chambre pendant toute la durée de la retraite. Sogyal Rinpoché se mit alors à faire l'éloge de Mimi en public, y compris lors des enseignements. Elle était décrite comme une « grande

---

15. Terme sanscrit désignant traditionnellement des divinités féminines porteuses de messages. Il est également utilisé pour désigner les épouses et partenaires tantriques des grands pratiquants.

pratiquante ». À la fin du séjour, il lui transmit son agenda de l'année, avec ses numéros de téléphone. Il souhaitait la revoir bientôt. Les témoignages d'anciennes *dakinis* recueillis par Mary Finnigan évoquent le même type de recrutement : un proche (ou plus souvent une proche) de Sogyal Rinpoché est envoyé par ce dernier dans le groupe des retraitants pour informer la jeune femme qu'elle a été remarquée par le maître. La future *dakini* est conduite dans sa chambre par une petite escorte qui la félicite sur l'honneur qu'elle vient de recevoir, puis Sogyal Rinpoché lui demande un massage et, quelque temps plus tard, des faveurs sexuelles.

Peu de temps après la retraite d'Allemagne, Seth appela Mimi pour l'informer que Sogyal Rinpoché l'avait invitée à le rejoindre en Australie où il passait des vacances avec quelques étudiants. Sogyal Rinpoché savait qu'avec le travail de son père, Mimi voyageait gratuitement. Elle accepta, prenant cette invitation comme une démonstration de « paternalisme asiatique ». Ce voyage allait constituer la deuxième étape de son insertion dans le « mandala secret ». Arrivée à Sydney, elle fut cependant surprise par l'accueil qui lui fut réservé : une famille de très riches étudiants australiens de Sogyal Rinpoché vint la chercher à l'aéroport dans une voiture de luxe, lui attribua une « suite » dans leur « maison magnifique », où elle fut « traitée comme une princesse ». Mimi ignore tout de la manière dont Sogyal Rinpoché l'avait présentée à cette famille, mais les consignes qu'il leur avait données étaient visiblement de traiter Mimi comme une personne importante. « Le gourou » ne se manifesta que deux ou trois jours plus tard, en pleine nuit, demandant à la famille de se mettre en voiture pour faire route jusqu'aux bungalows réservés par Sogyal Rinpoché sur une plage, à l'écart de la ville. Mimi décrit ensuite son arrivée dans une maison avec piscine située non loin d'une plage, à l'écart de la ville. Elle a partagé ce bungalow avec une autre jeune femme d'origine asiatique et une Française, toutes deux affublées de sobriquets. Elles s'occupaient du fils de Sogyal Rinpoché, Yéshé, alors âgé d'environ 8 ans et d'un autre petit garçon franco-tibétain, « de père inconnu ». Mimi se rappelle avoir ensuite passé ses journées nue sur la plage avec les cinq autres jeunes femmes, avoir mangé tous les jours à la table de Sogyal Rinpoché, à laquelle n'était jamais présent aucun homme[16]. Les hommes (collaborateurs et instructeurs) séjournaient dans un autre bungalow, séparés du maître et de son entourage féminin. Il n'y avait pas d'enseignement, pas de pratique rituelle : il ne s'agissait donc pas d'une « retraite », mais bien, comme cela lui avait été annoncé au départ, de « vacances ». Mimi a découvert au bout de quelques jours, à l'occasion de la Saint-Valentin, que le rôle de ce groupe d'étudiantes, dont elle faisait désormais partie, était de « distraire » Sogyal Rinpoché. Ce soir-là, une fête fut organisée, à grand renfort de musique forte et d'alcool. Ses compagnes lui demandèrent de « s'habiller sexy » et de danser avec elles devant Sogyal Rinpoché. Après la fête, ce dernier lui a demandé de lui apporter quelque chose dans sa chambre et, devant son refus, il lui a répondu qu'elle était trop fière et qu'il devait « briser son ego ».

------

16. Ces affirmations sont confirmées par des photographies.

Quelques mois plus tard, Mimi reçut un coup de téléphone lui demandant si elle souhaitait prendre part à un « entraînement spécial » à Lerab Ling. Elle affirme avoir accepté l'invitation afin de « clarifier ses relations avec lui ». En arrivant à Lerab Ling, Mimi réalisa que les personnes concernées par le stage étaient toutes des femmes : « On nous a mises au travail dans la "cuisine des lamas", c'est-à-dire celle de Sogyal et des maîtres qu'il invite. On appelait cet endroit "l'enfer" parce qu'il s'agissait d'une espèce de bunker souterrain, un endroit horrible. Une Suissesse, R***, nous a prises en charge, nous expliquant tout ce qu'il fallait faire. Pendant les trois premières semaines de "l'entraînement spécial", on nous a fait courir à droite à gauche sans arrêt, nettoyer la cuisine, amener les plateaux, faire ci, faire ça, juste des petits travaux, mais c'était épuisant. On ne faisait pas encore la cuisine, c'était réservé aux plus avancées. On avait des instructions écrites pour tout, dans les moindres détails. [...] On n'a pas vraiment eu l'occasion de voir Sogyal, ni même de suivre les enseignements qu'il donnait pour les autres participants. » Comme elle s'installait progressivement dans le cercle intime, Mimi se vit attribuer diverses tâches dans la sphère privée de Sogyal Rinpoché, autour de laquelle tournent avec dévotion les disciples. Elle devint l'assistante principale du maître, chargée de communiquer avec le reste des intendants à l'aide de téléphones portables et de talkies-walkies, de prendre en note les messages de ce dernier pour les uns et les autres, quelle que soit l'heure du jour ou de la nuit, de l'aider à se laver et à s'habiller au réveil, de l'aider aux toilettes, de faire son lit et le ménage dans sa chambre, de lui préparer son porridge sucré le matin, de lui servir à déjeuner et à dîner, de le masser.

À l'extérieur du chalet, Mimi explique qu'elle devait accompagner le maître dans ses allées et venues à Lerab Ling, lors de sorties au restaurant ou en promenade, ou bien lors de ses voyages à l'étranger. Le fait qu'elle parle couramment plusieurs langues est un des éléments qui ont permis à Mimi de devenir l'assistante particulière de Sogyal Rinpoché et de l'accompagner dans ses visites les plus officielles. Elle se souvient notamment d'une soirée organisée par une association caritative à New York, où figuraient des personnalités politiques et du monde du spectacle (notamment Richard Gere, grand ami de Sogyal Rinpoché). Elle lui servait à la fois d'*escort* et d'interprète. Une grande partie du temps libre de Sogyal Rinpoché est selon elle consacrée aux relations sexuelles avec l'une ou plusieurs de ses *dakinis*, ce qui constitue le motif de plaintes et de controverses le plus important. Mimi affirme que les relations sexuelles lui furent imposées dans le flux continu des différentes tâches à accomplir dans le chalet de Sogyal Rinpoché et présentées par lui comme un « test ». Si elle se soumettait, elle prouvait à la fois sa dévotion absolue dans le maître (qui lui aurait demandé de visualiser Padmasambhava et de réciter son mantra pendant l'acte, à la manière d'une pratique tantrique) et sa capacité à « voir au-delà des apparences ». C'est le franchissement de cette troisième étape qui, selon elle, lui a valu d'être assimilée à une *dakini* par les autres femmes du « mandala secret » et par Sogyal Rinpoché lui-même. Notons cependant que d'autres *dakinis* ne considèrent pas avoir été « manipulées » et assument pleinement leur relation intime avec le maître. Selon Mimi, les relations sexuelles avec le maître lui ont immédiatement conféré un statut prestigieux. Les autres femmes ne la traitèrent plus comme la simple servante qu'elle était jusqu'alors, mais se mirent à la complimenter sur sa beauté et son « énergie », attribuées à des « bénédictions spéciales ».

Les *dakinis* se voient recommander l'autobiographie de Yéshé Tsogyal, figure de *dakini* la plus célèbre du Tibet, dont elles doivent s'inspirer pour servir leur maître et comprendre leur propre statut[17]. Ces femmes sont les seules personnes, chez Rigpa, auxquelles est conseillée cette lecture. Cette princesse du VIIIe siècle aurait été l'épouse du roi tibétain Trisong Detsen. Elle tire cependant son prestige personnel d'avoir été la partenaire tantrique, la disciple et l'héritière de Padmasambhava, l'introducteur présumé du bouddhisme au Tibet. Comme le rappellent Janet Gyatso et Hanna Havnevik[18], la figure déifiée de la *dakini* est un idéal qui a pu servir de modèle, à certaines époques, à la formation de l'identité féminine tibétaine, mais ce modèle est loin d'avoir été systématique. Les femmes tibétaines n'ont pas été poussées à s'identifier aux *dakinis* dans la vie ordinaire : cela restait réservé aux pratiquantes d'exception, et plus particulièrement aux partenaires de maîtres tantristes. Il est cependant difficile d'établir ce que pouvait être la norme en

---

17. Gyalwa Changchub et Namkhaï Nyingpo, *Lady of the Lotus-Born: The life and Enlightenment of Yeshe Tsogyal*, translated by the Padmakara Translation Group, Boston (MA, États-Unis), Shambhala Publications, Inc., 2013.
18. Janet Gyatso et Hanna Havnevik (éd.), *Women in Tibet*, Columbia University Press, 2006.

termes d'identité et de mode de vie des femmes tibétaines, car les données historiques et anthropologiques restent très rares, en raison du système institutionnel et textuel tibétain[19], phallocratique, voire misogyne, rationnalisé par la doctrine bouddhique. La condition féminine est en effet, dans le bouddhisme, considérée comme une « naissance inférieure » : les femmes sont moins intelligentes, plus enclines à l'attachement et donc à la souffrance, les services rituels que les nonnes accomplissent sont inefficaces car leurs mérites sont moindres. Les femmes sont par ailleurs celles qui, mettant les êtres au monde, sont plus ou moins directement la cause du *samsara*. Que l'hagiographie de Yéshé Tsogyal ait été une lecture recommandée aux jeunes femmes de l'entourage de Sogyal Rinpoché est ainsi plutôt inhabituel et tend à assigner à ces dernières le statut valorisé de partenaires tantriques, alors que la réalité de ces relations est vécue par ces femmes comme abusive, ambiguë ou au contraire banale, en tout cas dénuée de réelle dimension religieuse, dans la mesure où elles ont lieu en dehors de toute pratique rituelle. Mimi se rappelle que la lecture de Yéshé Tsogyal l'avait à la fois « effrayée et amusée », car elle voyait dans le récit des tribulations et des violences subies par cette pratiquante légendaire une justification fallacieuse, inadaptée au contexte occidental, des travaux et services

---

19. Les rares autobiographies et biographies de maîtres féminins, comme celles de Machik Labdrön, qui a vécu au XIe siècle et révélé la liturgie du *Chöd*, sont pour l'essentiel écrites par des hommes ou par des femmes qui reproduisent elles-mêmes des préjugés misogynes, comme c'est le cas pour l'autobiographie d'Orgyen Chokyi (1675-1729), voir Kurtis SCHAEFFER, *Himalayan Hermitess. The Life of a Tibetan Nun*, Oxford University Press, 2004. Ces conditions ne permettent pas de rendre compte d'un point de vue réellement féminin.

La diva du Bouddha

que Sogyal Rinpoché lui réclamait. La formation donnée par Sogyal Rinpoché à ses *dakinis*, tant au moyen de manuels décrivant les corvées à accomplir que par la lecture des tribulations de Yéshé Tsogyal, montre en tout cas que ce maître justifie ses innovations « modernistes » par une référence littéraliste aux textes. Il ne s'agit pas d'interpréter ces derniers en termes métaphoriques ou psychologisants, mais de les prendre au pied de la lettre, en imposant le travail et les relations sexuelles forcés à ces étudiantes triées sur le volet (selon des critères vraisemblablement physiques et socio-culturels). Les récits d'anciennes assistantes – celui de Mimi et ceux que j'avais pu lire chez Mary Finnigan – témoignent en tout cas d'un malentendu avec le maître au sujet de la concrétisation de cette figure féminine. Ils illustrent le contraste entre leur propre imaginaire, qui concilie une vision métaphysique de la spiritualité et les acquis féministes occidentaux, et l'enseignement de Sogyal Rinpoché. Ces jeunes femmes sont en effet placées dans une situation ambiguë relativement à leur pratique spirituelle. Dans le contexte hautement hiérarchisé de Rigpa, se rapprocher du maître et le connaître dans sa vie quotidienne est interprété comme le résultat d'un karma très positif et comme l'aboutissement d'une connexion très ancienne (datant de plusieurs vies) avec lui. Cependant, les fonctions effectivement attribuées à ces jeunes femmes en signe de cette élection ne correspondent ni aux formes communes de valorisation des personnes en contexte occidental, ni véritablement à ce que l'on peut connaître du statut des partenaires de maîtres tantristes – dans la mesure où aucune de ces *dakinis* n'a jamais eu accès, depuis les années 1970, à des enseignements ou à des initiations qui lui auraient permis d'accéder au statut de maître ou, au moins, de pratiquante reconnue dans le groupe. Cette ambiguïté n'est pas seulement due à la personnalité particulière de Sogyal Rinpoché, ni même aux décalages qui existent entre les conceptions tibétaines et occidentales de la femme, mais également à la tension qui caractérise la condition féminine *dans le bouddhisme même* : porteuse du même potentiel d'éveil que n'importe quel être vivant, la femme reste pourtant cantonnée dans une position inférieure. C'est en tout cas ce que l'on constate en contexte tibétain et dans la microsociété gravitant autour de Sogyal Rinpoché, comme j'allais le constater par la suite.

À LA DÉCOUVERTE DE BOUBOULAND

Rigpa Paris est l'un des six « centres d'étude et de méditation bouddhistes » français du réseau national dirigé par Sogyal Rinpoché. C'est celui qu'ont fréquenté Mimi et son père durant plusieurs années. Situé à Levallois-Perret, dans les Hauts-de-Seine, dans un quartier résidentiel à la lisière de Neuilly-sur-Seine, le centre est facilement accessible depuis Paris, d'où l'on peut venir en métro ou en bus. Sa proximité avec le boulevard périphérique et la Porte de Champerret le rend également accessible en voiture depuis la banlieue et la province. La rue Vergniaud est calme, sans commerce (à l'exception d'un petit café à l'une de ses extrémités), et bordée de façades blanches. Rien ne signale à première vue la présence d'un centre bouddhique. Ce dernier est abrité dans une maison ordinaire, d'aspect plutôt bourgeois, aux volets de bois blancs. Devant le numéro 6, l'œil est attiré par une petite plaque dorée portant l'inscription « Rigpa ».

La porte, vitrée, est fermée à clé. Il faut sonner à l'interphone et préciser la raison de sa visite avant de pénétrer dans un étroit vestibule servant de vestiaire. Je comprends que je dois retirer mes chaussures et les déposer, avec les autres, sur l'étagère. Des manteaux sont suspendus, des parapluies, des sacs traînent ici ou là. Un comptoir placé face à l'entrée est destiné à accueillir et à filtrer le public les jours de grande affluence. Sur ce comptoir sont présentés des prospectus concernant les activités et les événements proposés par Rigpa (la retraite de Noël, la venue de Rinpoché courant octobre...), les donations, les nouveaux CD ou DVD en vente à la boutique, etc. Une grande boîte ronde et colorée, avec une ouverture destinée à recevoir des bulletins, est intitulée « Boîte à idées ». Chacun peut ainsi apporter sa contribution à l'amélioration du centre en faisant part de ses questions, critiques ou propositions. Enfin, une affiche présentant les différents responsables (responsable du centre, directeur de Rigpa France, instructeurs et autres bénévoles) a été placardée sur le mur face à l'entrée. Y figurent les photographies de ces personnes, accompagnées de leurs noms et prénoms. Une fois débarrassée de mes chaussures et de mon manteau, je pénètre dans la pièce principale, qu'on me désignera bientôt sous le nom de « temple ».

Vaste et haute, la salle est sans plafond. La toiture et ses poutres sont apparentes, ce qui confère à l'ensemble le volume d'une chapelle. Les murs et les pans intérieurs du toit, constitué en partie de larges baies vitrées, sont jaune moutarde. Les deux murs latéraux sont tapissés de grandes *thangka* (peintures sur toiles tibétaines représentant des divinités), que le visiteur apprendra à identifier comme représentations du Bouddha Shakyamuni d'une part, du Bouddha de la médecine de l'autre. Le premier, fondateur présumé du bouddhisme, est représenté assis en tailleur sur un lotus surmonté d'un disque lunaire. De peau blanche, il porte un bol d'aumône qui indique sa qualité de moine. Sa main droite est tendue en geste de don vers la terre, signifiant sa proximité avec les êtres vivants. Sa tête est ceinte d'une auréole. De couleur lapis-lazuli, également assis sur un lotus surmonté d'un disque lunaire, le second tient un bol de potion de la main gauche et, de sa main droite tendue en geste de don, une branche d'*arura* (prunier myrobolan, dont les noix sont souvent utilisées à des fins médicinales). Il est appelé *Sangye Menla* (« Bouddha de la médecine ») en tibétain et est considéré, dans la tradition Mahayana, comme une émanation du Bouddha Shakyamuni. Ces informations sont généralement données bien plus tard à l'étudiant Rigpa, généralement au cours de discussions informelles. Autour de ces deux grandes *thangka* s'en trouvent de plus petites, représentant d'autres divinités, qui ne font généralement l'objet d'aucun commentaire. Au fond se trouve l'autel. Tranchant sur un panneau bleu nuit – un paravent qui dissimule l'entrée de la seconde partie de l'édifice, dont le visiteur apprendra plus tard qu'elle s'appelle « la maison » et qu'elle est interdite au public –, ses dorures n'en paraissent que plus éclatantes. Au premier plan, sur une estrade, se trouve un fauteuil lourd et doré, désigné comme « le trône de Sogyal Rinpoché ». Ce dernier ne l'occupe généralement qu'en effigie, sous la forme d'un portrait photographique encadré et entouré d'une écharpe de soie blanche. Au deuxième plan, se dresse l'autel lui-même, en métal doré recouvert d'une étoffe moutarde. Y sont disposées les 8 offrandes traditionnelles aux bouddhas, composant habituellement tout autel tibétain : 1 coupelle d'eau à boire, 1 coupelle d'eau lustrale, des fleurs, de l'encens, 1 lampe à beurre pour la lumière, de l'eau parfumée, de la nourriture, 1 coquillage symbolisant la musique. Cette symbolique n'est cependant enseignée aux nouveaux venus que bien plus tard. À ce stade, ces objets rituels font simplement partie du décor. Au troisième plan, se trouve une statue dorée du Bouddha, de plus de deux mètres de haut. Elle attire immédiatement le regard et fait l'objet de nombreux commentaires de la part des animateurs et de Sogyal Rinpoché lui-même. Ils insistent essentiellement sur sa capacité de créer « les conditions propices à la méditation ». La fixer du regard permettrait à l'esprit de « se stabiliser » et de « trouver le calme intérieur » plutôt que de « purifier son karma » en « accumulant des mérites », comme ce serait le cas en contrée asiatique. Le bouddhisme est encore, ici comme ailleurs, fortement psychologisé.

Au-dessus de l'autel, est suspendue une image de Padmasambhava, l'un des maîtres indiens qui introduisirent le bouddhisme au Tibet au VIIIe siècle, et que les Tibétains considèrent comme un second Bouddha. J'apprendrai bientôt que cette statue s'intitule « Elle me ressemble ». Ce nom s'expliquerait par le fait que Padmasambhava lui-même, ayant vu la statue, se serait étonné de sa ressemblance. Il s'agit en fait de l'image que l'on m'avait donnée à Nice, au dos de laquelle figurait une prière. Cette image est décrite comme « sacrée » ou « chargée en bénédictions », c'est-à-dire capable de transmettre tout ou partie de « l'Éveil » à celui qui la regarde. J'apprends également que les portraits photographiques suspendus au-dessus de la statue représentent « les maîtres de Sogyal Rinpoché » : Dilgo Khyentsé Rinpoché, Dudjom Rinpoché et Khyentsé Chökyi Lodrö, qui appartiennent à l'école des Nyingmapa. Cette configuration d'images dessine ainsi dans l'espace la lignée de Sogyal Rinpoché. Elle constitue une forme simplifiée d' « arbre du refuge », représentation tibétaine des lignées de maîtres, dans lesquelles les pratiquants doivent « prendre refuge », c'est-à-dire s'inscrire avec dévotion dans une relation de filiation spirituelle.

Les cours proposés aux débutants, intitulés « Introduction au bouddhisme et à la méditation », ont lieu à l'étage, dans une salle qui tient beaucoup plus du salon que de l'école. Il s'agit d'une pièce claire et confortable, aérée et lumineuse, agrémentée de nombreuses plantes. Le sol est jonché de coussins couleurs bordeaux et moutarde. Au fond se trouvent un divan blanc, profond et moelleux, et quelques chaises pour ceux qui ne pourraient pas s'asseoir par terre. Les murs sont blancs et les vasistas larges. Un tapis chinois orne le parquet. Contre l'un des murs, se trouve un nouvel autel, de taille plus réduite, où trône la même photographie de Sogyal Rinpoché. Globalement, l'ambiance invite davantage à la détente qu'à l'étude. Comparé aux lamaseries et monastères tibétains décrits par les voyageurs européens avant leur destruction[20], le centre de Rigpa Paris offre la

---

20. Voir notamment la belle description de la lamaserie de Litang par Jacques BACOT, *Le Tibet révolté*, Paris, Hachette, 1912, p. 111-117.

À la découverte de Boubouland

même articulation d'espaces cultuels et d'espaces privés, mais l'atmosphère y est radicalement différente : obscurité, couleurs sombres, matériaux bruts, impression de confinement, douceur et vacillement des lampes à beurre sont ici remplacés par une lumière éclatante, une sensation d'espace et de légèreté, du mobilier moderne, mobile, aux tons clairs et en quantité restreinte. On se croirait dans le salon Ikea d'un jeune bobo parisien ou, pour parler comme Mimi, dans le salon d'un « boubou » (bobo bouddhiste).

Une femme entre deux âges, souriant à l'excès, me propose de devenir « étudiante ». L'inscription me coûterait 96 euros de frais d'inscription et 250 euros pour une année de cours hebdomadaire (1 h 30 par semaine). Je me contente pour l'heure de régler 8 euros pour le « cours d'essai ». La bienveillante « instructrice », qui fait ici le même travail bénévole qu'Alexander au centre Rigpa de Londres, me demande mon prénom et m'invite chaleureusement à m'asseoir sur l'un des coussins disposés sur le sol. Je préfère prendre un fauteuil. Nous sommes une bonne dizaine dans la salle, avec autant d'hommes que de femmes, contrairement à ce qu'affirme une certaine vulgate sociologique considérant que « prendre soin de soi » serait avant tout une démarche féminine. Chacun se présente à tour de rôle, aussi longtemps qu'il le souhaite, expliquant les raisons de sa venue, les circonstances de sa découverte du bouddhisme et de Rigpa, ses motivations et ses attentes personnelles quant à la pratique de la méditation. À la différence d'un service religieux chrétien, musulman ou juif, le participant ne peut rester dans l'anonymat. Il faut s'impliquer personnellement, faire étalage de son « ego », contrairement aux fondements mêmes de la doctrine supposément enseignée en ces lieux.

Deux femmes d'environ 50 ans, dont une professeure de yoga à temps partiel, se déclarent intéressées par les cours de méditation. Elles ont déjà commencé à pratiquer seules à partir de ce qu'elles ont compris de diverses lectures, mais ressentent le besoin de suivre des cours et une méthode clairs, guidés, « pour ne pas se planter ». Un homme âgé d'environ 45 ans, au physique méridional et sportif, également professeur de yoga et adepte de « la méditation de tradition Vedanta », se dit surtout intéressé par « l'ambiance » du centre, qu'il trouve très appropriée à la pratique de la méditation. Il ne cherchait pas particulièrement à suivre de cours, mais reste ouvert à cette possibilité. Ce qu'il voulait, c'était « pratiquer dans un temple ». Je me demande pourquoi il ne va pas tout simplement dans une église, ce qui lui reviendrait moins cher et serait beaucoup plus facile à trouver. Mais les symboles, sans doute, ne lui conviendraient pas. Un autre homme, du même âge environ, un Canadien nonchalant récemment arrivé en France et parlant un mélange comique d'anglais et de français, se déclare « perdu spirituellement » et « en recherche d'un maître et d'une communauté ». Les livres ne lui suffisent plus. Les cours de méditation l'intéressent particulièrement, mais son français bancal lui paraît un obstacle à son apprentissage. Les instructrices le rassurent sur le fait que « Rinpoché donne ses enseignements en anglais ». Je constate que les nouveaux venus ont en général découvert Rigpa par le biais d'un tiers, ami ou membre de la famille. D'autres ont trouvé l'adresse du groupe sur Internet,

À la découverte de Boubouland

ou sont venus par curiosité parce qu'ils habitent le voisinage. Mais *Le Livre tibétain de la vie et de la mort* reste la porte d'entrée principale pour accéder à Rigpa.

Après ces premières présentations, les deux instructrices se livrent au même exercice. Elles relatent elles aussi leur parcours : quand et comment elles sont venues chez Rigpa, quand et comment elles ont un jour été « bouleversées » par les enseignements de « Rinpoché », qui transformèrent radicalement leur vie. « Je travaillais dans le domaine des soins palliatifs », nous dit ainsi Monique. « C'est dans ce cadre-là que j'ai découvert *Le Livre tibétain de la vie et de la mort*. Vous le connaissez, sans doute. C'était un livre très connu dans le milieu à l'époque. C'est une collègue qui me l'a conseillé. Ça m'a tout de suite beaucoup impressionnée et mon travail en a été complètement transformé. J'ai lu et relu ce livre et j'ai essayé d'en appliquer les principes dans ma vie quotidienne. Et puis un jour on m'a dit que Sogyal Rinpoché donnait des enseignements à Paris et que c'était une occasion unique, à ne pas manquer. C'est très important d'être relié à un maître vivant. Alors j'y suis allée. J'ai tout de suite ressenti que j'avais une connexion avec lui. Je ne peux pas vous expliquer comment ni pourquoi. C'est comme ça, il faut l'éprouver soi-même. J'ai tout de suite su que c'était mon maître. J'ai ressenti une forte dévotion envers lui. Je ressentais un amour extraordinaire qui émanait de lui. Ça a été un événement déterminant dans ma vie... Après quoi, je me suis inscrite au cours de méditation, et petit à petit j'ai découvert la richesse des enseignements, et j'ai approfondi mon lien avec Rinpoché. C'est un être extraordinaire, qui voit tout, un bouddha vivant... Et même si ça n'a pas toujours été facile, car la spiritualité, ce n'est pas s'asseoir tranquillement sur un coussin, ma vie n'a plus jamais été la même. Je dois énormément à Rinpoché. » Le parcours à venir du nouvel étudiant est ainsi annoncé dans les grandes lignes. D'après le vocabulaire utilisé, je comprends qu'il ne s'agit plus seulement d'apprendre la « méditation », quelque réalité que l'on place sous ce terme, mais avant tout d'établir une « relation directe avec Sogyal Rinpoché », décrite comme source de tout bienfait. Cette relation directe est présentée à la fois comme désirable et difficile à obtenir. Des « obstacles » sont mentionnés, et je comprends que c'est à l'étudiant lui-même de les lever. Il n'est pas là pour recevoir un savoir, mais pour prendre une part active à sa propre évolution spirituelle.

On nous présente ensuite ce que sont « bouddhisme » et « méditation ». En gros, le bouddhisme, c'est la théorie, tandis que la méditation, c'est la pratique. Or, comme chacun sait, la pratique est plus importante que la théorie. De toute façon, la théorie est tellement vaste qu'il ne sert pas à grand-chose de l'étudier – du moins, pas à notre niveau de « débutants ». Il suffit de savoir que « le dharma, c'est la paix, la compassion et la sagesse ». On pourrait dire la même chose de n'importe quelle tradition philosophique ou religieuse, mais peu importe. Le « dharma », plus précisément, ne serait autre chose qu'un « chemin de transformation » permettant à l'individu de développer ces trois qualités, par « expérimentation directe et personnelle ». Cette « transformation » – dont on ne dit pas dans quel sens elle s'oriente, mais dont on suppose qu'elle sera nécessairement positive – passerait par

À la découverte de Boubouland

la pratique de « l'assise », autre mot pour dire « méditation » et qui insiste sur le côté concret de cette affaire hautement spirituelle. La pratique silencieuse et individuelle de « l'assise » serait cependant d'une efficacité limitée. Première nouvelle : faudrait-il donc remettre en cause la doxa actuelle qui promet toutes sortes de bienfaits aux pratiquants de la « méditation » ? Les instructrices s'expliquent : pour espérer atteindre l'éveil de cette façon, il faudrait y passer des vies et des vies. Mais il existe une manière plus efficace d'y parvenir : « l'introduction à la nature de l'esprit par les maîtres ». Je comprends soudain que notre petit groupe de novices a basculé dans un tout autre univers : nous sommes venus pour apprendre des techniques de gestion du stress et nous voilà abreuvés de termes mystiques dont nous ignorons totalement la signification : éveil, succession de vies, pouvoirs surnaturels des maîtres. Nos représentations les plus basiques sont remises en question : fallait-il finalement ne pas méditer mais attendre d'être « introduit à la nature de l'esprit par le maître » ? Cette perspective ne m'apparaissait pas sous un jour très favorable.

Femmes introduites à la nature de l'esprit

Je dois maintenant dire quelques mots des témoignages que j'ai écoutés et transcrits chez Mary Finnigan. Avant de rencontrer Mimi et de me rendre aux cours d'introduction au bouddhisme et à la méditation, j'avais tendance à considérer, comme à peu près toutes les personnes au courant des « affaires », que ces dernières appartenaient au passé et que, somme toute, elles n'étaient pas très intéressantes. Il y avait eu un procès pour viol au début des années 1990 aux États-Unis, mais Sogyal Rinpoché s'était amendé depuis. La personne qui avait porté plainte l'avait peut-être fait pour obtenir des dédommagements financiers – tel en tout cas avait été le résultat. Cette jeune femme avait peut-être mal compris ce qu'était la relation de dévotion à un maître tibétain et surtout elle vivait aux États-Unis, pays connu pour sa pudibonderie et ses procès abusifs pour « harcèlement sexuel ». Vu d'outre-Atlantique, et forts de notre largeur d'esprit supposée en la matière, il est en effet facile de porter ce type de jugement. C'est d'ailleurs l'argumentaire développé par les responsables de Rigpa en réponse aux rumeurs. Mais après avoir entendu le récit de Mimi et réalisé moi-même que Sogyal Rinpoché était effectivement présenté, dès les cours pour débutants, comme le dispensateur ultime de l'éveil, je comprenais qu'il devait y avoir autre chose que de l'incompréhension, de la vengeance ou de la rancœur personnelles dans les récits des anciennes *dakinis* recueillis par Mary Finnigan. Ces témoignages n'étaient sans doute pas anodins, ils ne relevaient pas uniquement de la sphère privée du lama : peut-être donnaient-ils même la clé de la « voie bouddhique » mise en place par ce groupe. Le rapprochement physique avec le maître, présenté comme la source ultime de l'éveil, semble bien être l'aboutissement logique de la « méditation » enseignée lors des cours – c'est du moins ce que révèlent ces témoignages, qui insistent tous sur l'importance accordée à la foi au détriment de la pratique de l'introspection dans ce parcours spirituel. Les termes de l'échange entre le « grand maître » et ses clients (et notamment ses clientes) prennent ainsi une tournure relativement claire : l'accession à la « spiritualité » se fait contre le don physique ou matériel de soi. Il s'agit avant tout d'un sacrifice personnel, non d'une « expérimentation » d'ordre rationnel ou quasi scientifique comme le suggèrent les apologistes. Le « travail sur soi » dont il est ici question relève davantage d'un saut dans la foi en un être qui sauve que dans une réflexion individuelle sur son rapport intellectuel ou émotionnel au monde. Ainsi sommes-nous assez proches du christianisme

Les dévots du bouddhisme

tant abhorré par ces adeptes... à ceci près que le Sauveur n'est plus un être absent voire mythique qu'il conviendrait de contenter en son âme et conscience, mais bien un être réel, vivant, qui a ses exigences particulières et n'hésite pas à les imposer à ses disciples. Il est toujours possible de négocier avec Jésus : cela semble plus ardu avec Sogyal.

Il faut donc lire ces témoignages non pas comme la description d'une « dérive sectaire », mais plutôt comme l'application logique d'une idée proprement tibétaine : la croyance selon laquelle le lama est un être surnaturel capable de mener ses disciples à la libération, et qui dispose pour ce faire de *tous* les moyens qu'il jugera utiles (doctrine des « moyens habiles », en sanscrit *upaya*). Quant à la question de savoir si le maître en question n'en tirerait pas un profit personnel, elle est à la fois naïve et impossible à trancher. Naïve, parce qu'il faut être bien ignorant des pratiques tibétaines pour s'imaginer que Sogyal Rinpoché constituerait une exception. Impossible à trancher, sauf à s'instituer tribunal des consciences : Sogyal Rinpoché est-il un cynique manipulateur ou croit-il réellement pouvoir conduire ses disciples à l'éveil, notamment par le sexe ? Le témoignage qui suit, recueilli par Mary Finnigan au milieu des années 1990, donne en tout cas une idée plus précise de ce que peut être l'application de la doctrine des « moyens habiles » en contexte occidental.

Malgré une enfance difficile et un père abusif, N*** fut très affectée par la mort de ce dernier des suites de longues souffrances liées à la drogue. Elle devait avoir 26 ans quand elle a rencontré Sogyal Rinpoché, à un moment où elle était très « vulnérable ». Elle appartenait à ce moment-là à un groupe qu'elle qualifia plus tard de « sectaire » : la fondation Gurdjieff. Elle était étudiante en anthropologie et venait de se marier. Très mal dans sa peau et isolée, elle recherchait des réponses sur la mort et éprouvait le besoin de s'insérer dans un groupe spirituel. Sogyal venait de publier *Le Livre tibétain de la vie et de la mort*. Elle a découvert ce livre et est allée à une conférence qui avait lieu près de New York, afin d'y rencontrer l'auteur. Elle espérait qu'il pourrait l'aider à « guérir son père et toute sa famille ». Quand elle l'a écouté, elle lui a trouvé « une autorité psychologique, une autorité de guérisseur ». Elle le trouva très charismatique, mais le décrit avec le recul comme étant « en représentation permanente, tel un politicien ». « Il arrivait à convaincre les gens qu'il était destiné à devenir maître depuis son enfance. » Il insistait sur l'ouverture de sa lignée et faisait référence à de nombreux lamas pour asseoir son discours. Elle se sentait dans un environnement sain. Les personnes qu'il appelait sur scène pour témoigner de leur expérience et dire à quel point son enseignement les avait aidées la rassuraient, de même que les références constantes au dalaï-lama, qui avait d'ailleurs préfacé le livre de Sogyal. Avec le recul, elle considère que « Sogyal recherche des personnes en manque émotionnel, qui ont eu une enfance difficile ». Il insistait beaucoup sur la notion de peur, sous-entendant que lui aussi savait ce que c'était que d'être confronté aux angoisses de la mort et aux souffrances habituelles de la vie. Tout portait à croire qu'elle se trouvait dans un environnement de confiance, que « Sogyal était une bonne personne ».

Après cette conférence, N*** décida de commencer une retraite chez Rigpa. L'une de ses amies, venue avec elle à cette retraite partit au bout de quelques jours, « choquée par des choses bizarres ». Mais N*** resta jusqu'à la fin de la retraite, « préconditionnée », selon ses propres termes, à ne pas voir ce qui aurait dû lui sauter aux yeux en raison du temps qu'elle avait passé à la fondation Gurdjieff. Dans ce groupe, remettre en question la parole du maître était en effet un sacrilège. Lors de la retraite, Sogyal était « assis sur un trône, visuellement au-dessus des autres ». Pourtant, son expérience lui a appris plus tard que Sogyal Rinpoché est « à moitié analphabète, ne lit que des bandes dessinées et des magazines pornos, passe le plus clair de son temps devant la télévision, ne pratique jamais la méditation. Il ne sait presque pas écrire et tout ce qui est écrit sous son nom est en fait écrit par d'autres personnes. Les textes de ses conférences sont truffés de citations d'autres érudits, que lui-même n'a jamais lus ».

Il disait : « Si nous pratiquons régulièrement, nous serons complètement guéris. Il faut prier le maître, priez-moi. » N*** parle de « culte de la personnalité » et de « confusion entre lui-même et la lignée à laquelle il appartient ». « Sogyal créait une atmosphère et nous faisait comprendre qu'il ne fallait pas remettre en question le statut du maître. » Lorsqu'on lui posait une question, ou que l'on émettait des doutes ou des hésitations sur ce qu'il disait, il répondait : « Si vous avez une question, gardez-la dans votre cœur et vous recevrez la réponse. » N*** qui dit « avoir perdu toute illusion sur le bouddhisme », considère que la dévotion au lama dans les centres tibétains et en particulier dans celui de Sogyal a pour véritable fonction de mettre en place un « contrôle social ». Ce qu'elle rapproche de ses lectures en anthropologie, qui lui auraient permis d'ouvrir les yeux.

Vers la fin de la retraite, une femme vint trouver N*** pendant le déjeuner. Il s'agissait d'une « coordinatrice ». Elle lui dit : « Le maître pourra répondre à ta question ce soir après la conférence. » N*** se fit une joie de pouvoir rencontrer Sogyal. Elle pensait qu'il pourrait donner des réponses à toutes les questions qu'elle se posait sur la mort et sur le travail spirituel qu'elle pourrait entreprendre pour « guérir sa famille » et panser les blessures de son passé. Elle se demandait simplement comment s'y prendre avec lui : devait-elle faire des prosternations, joindre les mains en prière, faire preuve d'une sobre politesse ? Elle était en effet persuadée de l'importance de Sogyal, sûre qu'il s'agissait d'« un grand maître ». La coordinatrice lui répondit : « Sogyal est très ouvert, très décontracté, il n'y aura pas de problèmes. » Elle se sentit rassurée et extrêmement chanceuse d'avoir obtenu cet entretien, qu'elle n'était pas loin d'interpréter comme un signe d'élection karmique.

Après la conférence, N*** se rendit donc à son rendez-vous avec Sogyal. Ce dernier lui prit la main et lui dit : « Ma chère, vous vouliez me parler ? De quoi vouliez-vous me parler ? », et il la fit entrer dans son appartement. Ils étaient maintenant assis l'un à côté de l'autre. N*** lui raconta en pleurant la mort de son père et les tristes événements familiaux qui l'avaient touchée ces derniers temps, insista sur le fait qu'elle n'avait aucun soutien, si ce n'est son mari. Sogyal lui demanda alors : « Votre mari est là ? », elle lui répondit que non. « Ah ! O.K., O.K. », répond-il. Comme elle pleurait, Sogyal prit la tête de N*** entre ses mains, la posa contre sa poitrine et lui caressa les cheveux « de façon très paternelle ». Elle affirme que « c'est l'une des rares fois où il a été paternel avec moi ».

Sogyal lui dit : « Je peux t'aider. Si tu comprends ce que veut dire croire dans l'enseignant, si tu comprends que le maître est le bouddha, je pourrai t'aider, te guérir. Reviens plus tard, je t'aiderai. » Elle s'en alla et croisa en partant une jeune femme qui rentrait dans l'appartement de Sogyal. Elle comprit plus tard que cette fille était venue pour coucher avec Sogyal, car cette femme était « une fille sexuellement disponible pour Sogyal ». N*** appela son mari pour lui faire part de sa joie d'avoir rencontré Sogyal, de son « privilège », du fait qu'il allait l'aider à guérir sa famille, etc. Plus tard dans la soirée, elle retourna voir Sogyal. Il était assis sur son canapé et elle lui expliqua qu'elle voulait pratiquer la médi-tation, faire des prières, parler de son père. Il lui répondit : « Hum ! Hum ! Peux-tu me faire un massage ? » Étonnée, mais pensant qu'il s'agissait d'un « test » et qu'elle devait « avoir confiance », elle s'exécuta. Elle lui massa les épaules en se disant : « Il ne faut pas remettre en question le maître. » Il lui dit alors qu'elle avait un très bon toucher. Il l'emmena dans sa chambre et retira sa robe. Elle ne savait plus très bien quoi penser mais, de peur de commettre une erreur, elle pour-suivit son massage. Sogyal lui dit à quel point il tenait à elle, qu'il pouvait l'aider, qu'il pouvait la guérir. Puis, quand il en a eu assez, il lui demanda de revenir le lendemain. N*** avait certaines idées sur le bouddhisme : elle pensait aux moines, au végétarisme, à l'austérité, mais se dit que ce grand maître devait très bien savoir ce qu'il faisait.

Le lendemain matin, N*** alla trouver Sogyal, qui lui demanda alors quatre photos d'elle pour qu'il puisse les envoyer en Inde, à d'autres moines qui prieraient pour elle et pour son père. Il la prit dans ses bras une nouvelle fois, à la manière d'un père consolateur, et elle se mit à pleurer. Elle se sentait « chanceuse » d'avoir été choisie, elle, alors qu'il y avait plus de 200 personnes à la retraite. De nouveau Sogyal, lui demanda un massage. Il lui dit : « Je vais être ta famille, et il faut me voir comme le Bouddha, il faut croire en moi, il faut t'en remettre à moi, tu dois me faire confiance. » Sogyal lui dit clairement que si elle faisait des erreurs (dans son attitude, notamment vis-à-vis de lui), cela pouvait provoquer des dégâts très importants pour la personne pour qui elle priait, c'est-à-dire son père. Tout au long de la retraite, Sogyal répétait : « Vous devez écouter mes enseignements. Le maître est le véritable père et la véritable mère. Vous en remettre à moi complètement, c'est une façon d'apprendre les enseignements beaucoup plus vite. »

Le soir même, N*** était dans l'appartement de Sogyal et ce dernier lui demanda si cela ne la gênait pas qu'il retire complètement ses vêtements. « Tu es spéciale, tu dois avoir confiance dans le maître. Le maître extérieur est le reflet du maître intérieur. » Il devenait de plus en plus évident que Sogyal voulait coucher avec elle. Il lui dit ensuite : « Regarde l'autel autour de nous, je te promets d'éliminer toute la souffrance de ta famille si tu me fais confiance. Est-ce que tu me crois, est-ce que tu me fais confiance ? » N*** répondit que oui, mais qu'il serait peut-être temps qu'elle s'en aille. Sogyal lui demanda si elle ne voulait pas rester avec lui. N*** se dit qu'il s'agissait peut-être « d'un test pour voir si j'avais des idées négatives, un exercice spirituel ». Il lui demanda : « Est-ce que tu m'aimes ? Est-ce que tu crois en moi ? » N*** parla de son mari et dit qu'elle commençait à se sentir mal à cause de lui. Sogyal ne lui répondit pas. Il dit : « Regarde l'autel autour de nous. Tu me fais confiance ? Tu crois en moi ? » Elle avait confiance en lui, mais trouvait tout cela très étrange, elle voulait croire en lui, lui faire confiance, dépasser ses peurs et ses doutes, comme le recommandait Sogyal lors de ses enseignements. Toute la nuit se passa ainsi, lui essayant de la séduire, elle ne sachant que faire. À 6 heures du matin, complètement épuisée, elle abandonna toute résistance.

Lorsqu'elle quitta la chambre ce matin-là, Sogyal était endormi. Elle en fut profondément attristée. Elle pleura toute la journée. Pourtant, elle avait « peur de perdre l'opportunité de guérir sa famille si elle rompait sa relation avec le maître ». Elle avait l'impression d'être devenue un « zombie ». Elle comprit plus tard qu'elle appartenait au groupe de femmes qui s'occupait du maître et que l'on appelait le *lama care*. Ces femmes étaient chargées du confort matériel du maître, ce qui incluait notamment de recruter de nouvelles *dakinis* et d'aller chercher N*** lorsque Sogyal avait envie d'une relation sexuelle. N*** précise qu'il ne s'agissait pas d'une relation amoureuse, car « il n'y avait aucune affection ni aucune tendresse, il ne m'embrassait jamais, ne me caressait jamais, non, il fallait en fait arriver au moment où il avait une érection et s'asseoir sur lui. Je devais aussi retranscrire ses enseignements, je faisais cela à plein-temps, je faisais la cuisine, j'apprenais à m'occuper de ses affaires [...]. J'avais l'impression

Femmes introduites à la nature de l'esprit

d'être une offrande. Il me faisait savoir qu'en me donnant à lui je me donnais au monde [...]. Un jour je lui ai fait part de mes inquiétudes. Je lui ai dit que j'avais entendu dire qu'il y avait eu des contaminations au virus du sida dans la communauté de Chogyam Trungpa. Je lui ai demandé de faire attention, pour lui et la communauté, de se protéger. La première chose qu'il m'a répondue, c'est : "Qui t'a parlé de ça ?" Et il a noté le nom des personnes. Et il a dit qu'il n'allait plus leur parler car ils répandaient des rumeurs ». Plus tard, Sogyal lui demanda de ne parler de cette relation à personne car pour lui, « il s'agissait d'un sujet privé ». Il fit en sorte de l'entourer de nombreuses personnes, de manière qu'elle ne soit jamais seule. Le jour de son départ, à l'aéroport, elle se retrouva avec le petit groupe des proches de Sogyal, et celui-ci parlait affaires. Ce qu'il faisait souvent en petit comité. Il s'agissait de savoir combien d'argent liquide il pouvait emporter à l'étranger ou combien de valises de billets il pouvait confier aux plus anciennes disciples pour qu'elles déposent le magot dans une banque d'un paradis fiscal, de préférence. Il faut savoir que « Sogyal ne payait pas d'impôts. Tout l'argent qu'il recevait allait directement dans sa poche. » De retour aux États-Unis, il appela N***, ou la fit appeler, tous les jours, lui disant notamment : « Merci pour ton amour ».

Un jour, il lui confia : « Je sais bien que j'ai une mauvaise réputation, même le dalaï-lama m'a dit que je devais en finir avec cette réputation. Mais il m'a aussi dit que le lama que j'incarne avait 1 000 *dakinis*, alors c'est normal que j'aie beaucoup de *dakinis* moi aussi, cela fait partie de ma pratique spirituelle. » Elle osa lui demander pourquoi il la frappait.

Il répondit alors que c'était la façon tibétaine, et que quand il rencontrait le dalaï-lama, celui-ci le frappait aussi. Ce qui a le plus choqué N***, c'est le fait que le groupe s'était entièrement soumis à lui : « Il avait beaucoup de pouvoir sur ce groupe. C'est sur scène, devant ses dévots, qu'il avait le plus de pouvoir. Il avait le pouvoir et il en abusait. En dehors du contexte des retraites, il en était incapable. Dans le groupe, il devient quelqu'un d'autre. Avec les gens en individuel, il est plus gentil. En groupe, il savait créer une atmosphère, en parlant beaucoup tibétain par exemple. Il disait : "N'importe quelle peur, n'importe quelle souffrance, je peux la guérir" ; il disait qu'il avait la "thérapie ultime". » Il n'y avait rien de spécial dans ses enseignements. « Le gourou peut donner la nature de l'esprit de façon très rapide, inattendue » : c'est ce qu'il disait le plus. « Si vous écoutez attentivement, vous pouvez l'avoir, je peux vous la donner, et vous le saurez. » Il déléguait beaucoup les pratiques rituelles, qui ne l'intéressaient pas.

« Il était vraiment très charismatique. Il était capable de te mettre dans une vraie transe. Je ne me souviens même pas de ce qu'il a dit exactement pendant les six jours de cette retraite, il tenait notre attention, il nous parlait d'amour, de dévotion, il disait de prier, de se soumettre, de prier le maître. »

Reliques télévisuelles et maux de l'Occident

Les cours d'introduction au bouddhisme et à la méditation auxquels j'ai assisté pendant un peu plus de un an chez Rigpa sont donnés par des « instructeurs ». Le maître, censé accompagner pas à pas le disciple et ainsi faire toute la différence entre un « bouddhisme livresque » et un « bouddhisme vivant », n'est jamais là. Il est cependant rendu présent sous forme de vidéos, que les instructeurs demandent non seulement de regarder, mais également de contempler dans une attitude méditative. Après avoir écouté les propos délivrés par le maître en vidéo, les disciples sont ainsi conviés à s'asseoir devant son image et à « absorber son atmosphère ». Les bénédictions, nous rassurent les instructeurs, passent également par la télévision – le maître, omniscient et omnipotent, étant en effet capable de manifester sa présence *réelle* sur un écran. Les instructeurs font ainsi office de prêtres, la vidéo d'hostie. Nous sommes bien en présence d'un culte liturgique impliquant un double système de médiation : l'objet matériel rend tangible la présence de l'être surnaturel, les instructeurs introduisent le public à cet objet matériel, dont ils révèlent les pouvoirs magiques. Nous sommes donc loin de la « relation directe de maître à disciples » revendiquée par les promoteurs de cette « spiritualité laïque », et plutôt proches des religions institutionnalisées desquelles ils prétendent vouloir s'écarter.

Concrètement, la vidéo est mise sur pause, et les disciples se tiennent le dos droit et le regard alerte devant son image. Cette pratique est appelée « s'asseoir avec Rinpoché ». Elle est décrite comme une « voie rapide vers l'éveil ». En effet, Sogyal Rinpoché aurait pour particularité d' « enseigner par l'être » autant – si ce n'est plus – que par la parole. Le regarder, s'asseoir devant lui en focalisant son regard sur ses yeux, est présenté comme une pratique « extraordinaire » qui accélère le processus d'accession à l'éveil, en mettant au contact l'esprit « illusionné » du pratiquant avec le *rigpa* (« esprit pur ») de son maître. Il est toujours possible de méditer devant un mur ou une image, comme dans d'autres centres bouddhistes, qu'ils soient zen ou tibétains, mais « s'asseoir avec Rinpoché », en tâchant de « se mettre à l'unisson avec son esprit », est une pratique beaucoup plus efficace. L' « assise » expliquée au départ est ainsi décrite comme insuffisante : il ne convient pas seulement de « s'asseoir » en respectant les consignes physiques et mentales attachées à cette pratique (dos droit, regard baissé, langue collée au palais, attention accordée au souffle), il faut encore « s'asseoir avec Rinpoché ». Les cours de méditation se transforment ainsi en une contemplation de l'image du maître qui devient, telle une icône byzantine, source de bénédictions. Le maître, qui n'est pas présent parce qu'il est occupé à diriger son entreprise de par le monde, est ainsi manifesté par une image sacrée, que les disciples doivent considérer comme littéralement vivante. L'image est une incarnation magique de Sogyal Rinpoché, elle communique sa présence, elle fait accéder à l'éveil. Il s'agit donc d'une version moderne et occidentale des reliques tibétaines. En effet, les laïques tibétains n'ont traditionnellement accès ni aux textes philosophiques ni aux pratiques avancées du tantrisme. Ils doivent se contenter d'accumuler des « mérites » et des bénédictions pour purifier leur karma et tenter d'obtenir une meilleure renaissance. Un homme espérera ainsi renaître en moine, une femme en homme, etc. Pour ce faire, ils doivent respecter une série de préceptes éthiques (ne pas tuer, ne pas voler, ne pas avoir de relations sexuelles inappropriées...) et obtenir des bénédictions en s'approchant physiquement de personnes ou d'objets sacrés (reliques et reliquaires du Bouddha ou de saints, écritures, moines et lamas). Ici, la relique n'est autre qu'un écran de télévision. Telle est la « modernisation » proposée par Rigpa. Reconnaissons qu'elle est plutôt superficielle. Il existe probablement d'autres formes d' « adaptation du bouddhisme à l'Occident » proposées par d'autres groupes. Mais le cas dont je rapporte les activités existe bel et bien. C'est même un groupe extrêmement influent et soutenu par le dalaï-lama. Il ne suffit donc pas de le déclarer « non représentatif » sans autre forme de procès. J'invite d'ailleurs les observateurs impartiaux à se rendre dans d'autres centres bouddhistes et à y recueillir des informations précises sur ce qui s'y passe réellement. Nous pourrons ainsi discuter en échangeant des arguments empiriquement fondés. Car, bien qu'elle paraisse ridicule ou caricaturale une fois décrite froidement sur le papier, cette pratique est néanmoins acceptée comme crédible et légitime de la part d'un nombre non négligeable de pratiquants occidentaux à travers le monde. Précisons qu'elle ne le serait probablement pas des Tibétains eux-mêmes. Un disciple avec lequel j'avais sympathisé me confia un jour que ses amis se moquaient de lui en lui disant : « Tu paies pour méditer devant une télé ? » Il leur répondait que leur manière de voir était trop terre à terre et qu'ils passaient à côté de l'essentiel. Or, « l'essentiel » n'est précisément accessible qu'à ceux qui acceptent de se départir de leur esprit critique, et laissent implicitement de côté l'idée que le bouddhisme serait une « spiritualité » éminemment « rationnelle ». En tout cas, je constatai lors de ces cours qu'il me fallait revoir toutes mes idées préconçues sur le bouddhisme. Ce qui me fascinait le plus, c'était que les personnes autour de moi, qui étaient arrivées dans ce groupe avec les mêmes a priori, n'étaient pas très difficiles à convaincre. On acceptait tout bonnement que le maître fût omniscient, capable de se matérialiser dans une télé et, par le biais d'ondes électromagnétiques, sauver du mal ses disciples. Une explication « scientifique » est certes donnée par les instructeurs : le phénomène s'expliquerait par la « théorie des neurones-miroirs », selon laquelle deux cerveaux mis en présence l'un de l'autre harmoniseraient leur potentiel électrique. Cependant, la théorie ne dit pas pourquoi ce serait les disciples qui harmoniseraient leurs neurones à ceux du maître et non l'inverse. Il semble aller de soi que la puissance « spirituelle » de l'un l'emporte naturellement sur les « limitations » des autres.

Mais, au-delà des bénédictions issues de la contemplation de cette icône télévisuelle, que retirent concrètement les disciples de cette étonnante liturgie néobouddhique ? Quels sont précisément les enseignements délivrés par ce « grand maître omniscient » ? Pour répondre à ces questions, je prendrai ici le cas de la vidéo la plus souvent diffusée lors de ces cours : un extrait d'une conférence publique, tenue à Los Angeles le 9 juin 1999, intitulé « Le véritable sens de la méditation » et qui dure environ dix minutes. L'on y voit un Sogyal Rinpoché encore jeune et bien en chair, le visage dilaté et le cou gras, portant des lunettes avec de larges verres et des montures transparentes, une chevelure à la coupe défraîchie, teinte en noir à l'exception de deux fines mèches blanches sur les côtés. Il porte une robe tibétaine de laïque (*chuba*) moutarde sur une chemise de coton beige entrouverte. Autour du cou se trouve un mince collier sombre. Assis sur un siège devant un autel, il parle un anglais courant et basique, vivant, imagé, mais souvent incohérent et incomplet. Il s'accompagne de nombreux gestes, amples et vifs, qu'il agrémente de nombreux sourires et éclats de rire. Sa voix est plutôt aiguë, le rythme de ses paroles vif et presque étourdissant. Ses petites mains potelées sont presque toujours en mouvement. Il est doublé par Olivier Raurich, son traducteur français attitré et président de Rigpa France. La transcription intégrale de ces dix minutes d'enseignement sur la méditation, porte d'entrée suprême à l'expérience d'Éveil, est un discours décousu dont la logique n'est pas claire, sans début ni fin, procédant par associations d'idées et successions de phrases laissées en suspens. Il serait fastidieux de le reproduire ici. Néanmoins, il importe d'en connaître les caractéristiques principales, dans la mesure où ce style constitue non seulement l'instrument principal de transmission du dharma, mais également, comme nous allons le voir, le dharma lui-même. En outre, ce style Rigpa est repris, avec certaines nuances importantes, par les étudiants eux-mêmes, jusqu'à former un langage particulier. Ce « style », que Sogyal Rinpoché commente à l'envi et désigne lui-même comme « original », « unique » et « parfaitement adapté au monde moderne », est souvent décrit par les observateurs comme le point fort de sa « pédagogie ». Voici quelles sont ses caractéristiques.

Sur la forme, les vérités avancées par Sogyal Rinpoché sur « le bouddhisme et la méditation » peuvent être énoncées au moyen :

1° D'énonciations factuelles du type « les choses sont ainsi ». Par exemple, « Nous avons tous le potentiel d'Éveil », « l'Éveil est toujours présent », « La nature de Bouddha n'est jamais souillée », « Le Vajrayana, c'est accéder à la perception pure, c'est-à-dire à qui nous sommes réellement », ou encore « L'esprit est la cause de tous les maux », etc.

2° D'analogies, de métaphores ou d'autres types d'images, telles des personnifications : « La nature de l'esprit est une Mastercard », « La nature de l'esprit, c'est comme un vol en Concorde, au-dessus des nuages », « La méditation est le

Les dévots du bouddhisme

"fitness" de l'esprit », « Vous perdez les nuages, mais vous gagnez le ciel », « L'esprit ordinaire est toujours prêt à saisir », « L'esprit de pure connaissance est manipulé par l'ego », etc.

3° De sentences ou de maximes : « Avec nos pensées nous créons le monde mais nous ne sommes pas nos pensées », « Notre bonheur et notre souffrance dépendent du bonheur et de la souffrance d'autrui », « Un esprit serein et calme mène au bonheur », etc.

4° De conseils sapientiaux : « Il faut mettre de l'amour dans tout ce que l'on fait », « Au départ, il faut s'aimer soi-même », « Il faut voir l'autre comme soi-même », etc.

5° De dénégations : « Le bouddhisme, ce n'est pas les rituels », « La méditation, ce n'est pas dire *Om* et brûler de l'encens ».

6° De paradoxes : « Il faut reconnaître que l'on est en colère mais ne pas être en colère », « Lorsque l'on prend graduellement l'habitude de laisser son esprit, on devient maître », « L'esprit n'est pas permanent, mais il est immuable », etc.

7° De tautologies : « La colère appartient à la colère », « L'ignorance, c'est de ne pas savoir qui l'on est », « Éveil : état atteint par toute personne qui s'est complètement éveillée », etc.

8° De leitmotive : « Le *samsara*, c'est l'esprit tourné vers l'extérieur, perdu dans ses projections, le nirvana, c'est l'esprit tourné vers l'intérieur, regardant sa véritable nature », « N'altérez pas, n'altérez pas cet esprit qui est le vôtre », « Comme le disait le philosophe français Pascal, "tout le malheur de l'homme vient de ne pas s'asseoir en silence dans une chambre" », « L'esprit est dénué d'esprit ».

Sur le fond, ces énoncés sont :

1° Un diagnostic : l'homme et la femme modernes, ainsi que l'univers où ils habitent (l'Occident), connaissent actuellement une crise spirituelle aiguë qui se manifeste par l'agitation, la confusion, le stress, le désarroi, l'impuissance face à la mort et à la souffrance, le manque de sens, ce que chacun peut constater aisément dans sa vie quotidienne.

2° Une étiologie : le fait d'avoir l'esprit tourné vers l'extérieur, perdu dans ses propres projections et dans une course effrénée à la recherche d'acquisitions matérielles. Ils sont loin du bonheur véritable que connaissent les grands maîtres et les Tibétains en général, qui utilisent la méditation, cette science de l'esprit millénaire, pour se centrer sur leur véritable nature, celle du Bouddha.

3° Des propositions de remèdes : en toute logique, tourner son esprit vers l'intérieur, cela par la pratique de la méditation, formellement d'abord, en s'asseyant sur un coussin, de manière intégrée ensuite, en appliquant ce nouvel état d'esprit à sa vie quotidienne.

En somme, l'apparition vidéo fait office d'oracle et Sogyal Rinpoché de devin : le maître formule un diagnostic sur le mal dont est supposé souffrir son public de clients, il en explique les causes et lui propose un remède. Ce diagnostic est-il original, est-il seulement bouddhiste ? Non. Il est purement occidental, et prend plus particulièrement sa source dans le romantisme allemand. On parle rarement de la haine de soi des Occidentaux. Elle compose pourtant bon nombre de leurs idéologies. Deux historiens américains, Ian Buruma et Avishai Margalit, se sont penchés sur le sujet, et proposent d'employer à ce sujet le terme d' « occidentalisme »[21]. Pendant symétrique de « l'orientalisme », décrit par Edward Saïd[22], qui faisait des « Orientaux » une catégorie uniforme et caricaturale d'individus sous-évolués, vivant dans une sorte d'hébétude originelle au cœur de la nature sauvage, « l'occidentalisme » consiste à offrir de l'Occident une image inhumaine caractérisée par son caractère froid, mécanique, technicien, un Occident qui serait dépourvu de toute préoccupation morale ou spirituelle, intéressé uniquement par le profit, le confort et la gloire. Cette vision caricaturale de l'Occident, caractéristique des courants de pensées extra-européens (islamisme, nationalisme japonais de l'ère Meiji ou slavophilie), aurait en réalité pris naissance en Europe même, dans ce contexte de réaction à l'universalisme et à l'idéologie du progrès des Lumières que fut le romantisme. L'occidentalisme se caractérise par plusieurs thèmes, qui sont tous des formes d'hostilité : hostilité envers la vie urbaine, la ville étant considérée comme cosmopolite, sans racines, arrogante, avide, décadente, frivole ; hostilité envers « l'esprit de l'Occident », qui se manifeste par la science et la raison ; hostilité envers l'esprit « petit-bourgeois », antithèse du héros qui se sacrifie pour une grande cause ; hostilité, enfin, envers l'infidèle, qui doit être écrasé afin de faire place au monde de la foi pure. De ces quatre thématiques, c'est surtout celle de « l'esprit occidental » qui constitue le ressort

---

21. Ian BURUMA et Avishai MARGALIT, *Occidentalism. A Short History of Anti-Westernism.* Londres, Atlantic Books, 2005 ; 1re éd. : *Occidentalism. The West in the Eyes of its Enemies,* Londres, Penguin Books, 2004.
22. Edward SAÏD, *L'Orientalisme. L'Orient créé par l'Occident,* Paris, Seuil, 2015 ; 1re éd. américaine, *Orientalism,* New York, Pantheon Books, 1978.

Reliques télévisuelles et maux de l'Occident

privilégié de la critique bouddhiste de l'Occident. Buruma et Margalit décrivent ainsi « l'esprit occidental » :

« L'esprit de l'Occident est souvent dépeint par les occidentalistes comme une espèce de stupidité supérieure. Être équipé de l'esprit de l'Occident, c'est être un savant idiot, souffrant de déficience mentale mais particulièrement doué pour les calculs arithmétiques. C'est un esprit sans âme, efficace, semblable à une calculatrice, mais parfaitement démuni dès qu'il s'agit de faire ce qui est humainement important. L'esprit de l'Occident est capable d'engendrer un grand succès économique, de développer et de promouvoir une technologie avancée, mais il est incapable de saisir ce qu'il y a de plus élevé dans la vie, à cause de son manque de spiritualité et de compréhension de la souffrance humaine [...]. Si par rationalité nous entendons la rationalité instrumentale, c'est-à-dire la capacité à trouver les moyens adéquats pour parvenir à des fins, qui se distingue de la rationalité en valeur, qui consiste à choisir les fins justes, alors l'Occident possède beaucoup de la première, mais très peu de la seconde. L'homme occidental, de ce point de vue, est un être hyperactif et constamment occupé, cherchant toujours les bons moyens d'atteindre des fins injustes » (Buruma et Margalit, ma traduction).

On retrouve ici mot pour mot la vision de l'Occident développée non seulement par Sogyal Rinpoché, mais aussi par d'autres « grands maîtres » et apologistes du bouddhisme en Occident. À l'hyperactivité écervelée de l'homme occidental est évidemment proposée – dans une perspective « bouddhiste » – la méditation, censée calmer l'esprit et l'aider à retrouver le vrai sens de la vie. Cette distinction entre « l'esprit calculateur » et « l'esprit humain, intuitif, non discursif », autrement dit entre l'intellect et l'âme, n'est pas une nouveauté proposée par le bouddhisme (ou les auteurs occidentaux pro-bouddhistes). Elle remonte très loin dans l'histoire de la pensée occidentale. Déjà Plotin faisait la différence entre la pensée discursive (celle de l'intellect, rationnelle) et la pensée non discursive (celle de l'âme, intuitive), l'une permettant de comprendre le monde, l'autre de vénérer Dieu. L'idée que la pensée « intuitive » serait supérieure à la pensée « rationnelle » nous vient en revanche des romantiques. Les penseurs nationalistes russes du XIXe siècle, communément appelés « slavophiles », ont développé la notion d' « âme russe » sur le mode de l'op-position à ce que devait être, dans leur esprit, « l'esprit occi-dental », incarné surtout par la France des Lumières. Cette conception servit par la suite de modèle pour les critiques nationalistes, ethniques ou spiritualistes de l'Occident dans d'autres pays, tels l'Inde, la Chine et les nations musulmanes. La notion d'« âme russe » comme dotée de qualités intrin-sèques opposées à celles proposées par l'Europe occidentale s'inspire elle-même du romantisme allemand. Cette double caractérisation de « l'Occident » (c'est-à-dire essentiellement la civilisation prônée par les Lumières françaises) comme entité culturelle froide, mécanique et technicienne, et de « l'âme russe » ou de « l'âme germanique » comme chaleu-reuses, humaines et spirituelles tient beaucoup à des consi-dérations politiques. La domination culturelle et militaire de la France était en effet ressentie à l'époque avec beaucoup de frustration et de ressentiment. Dès lors, la promotion de « l'âme » d'un peuple capable de résister à l'oppression par la spiritualité constitue-t-elle une forme de *soft power*. Certains observateurs considèrent aujourd'hui que la reprise par les Tibétains de thèmes liés à la richesse de « l'âme » opposée à la stérilité de l'intellect s'inscrit dans une stratégie politique de résistance à la domination chinoise, voire dans une entreprise globale de « colonialisme spirituel »[23].

---

23. Donald S. Lopez Jr., *Fascination tibétaine, op.cit.*

Novlangue bouddhiste

Ce samedi matin de janvier, le temple s'éveille doucement. Certains disciples essaient de s'animer un peu en buvant du thé, ou du café, qu'ils ont apporté dans un thermos, grignotent quelques biscuits, quelques fruits secs, s'étirent. C'est que pour eux la semaine de travail a souvent été longue, et passer le week-end au centre représente un réel sacrifice, non seulement en termes de repos, mais également de vie familiale ou affective. Il est fréquent qu'on le signale par des paroles du type : « On voit les courageux ! », « Qu'est-ce qu'il ne faut pas faire pour atteindre l'Éveil ! » ou encore, dans une autre tonalité : « Il a fallu que je m'arrange avec mon mari/ma femme/ mes enfants pour pouvoir venir... » Certains étudiants, l'air pensif, presque hagard, sont isolés sur une chaise, loin des autres. Ils tentent de se donner une contenance en lisant quelque chose ou en « pratiquant l'assise », les yeux ouverts fixés droit devant eux. D'autres encore bavardent doucement avec leurs camarades. Avec l'arrivée de nouveaux étudiants aux alentours de 10 heures, l'ambiance devient plus vivante. Règne alors un joyeux brouhaha. En général, le nombre de participants est compris entre la vingtaine et la soixantaine.

Olivier Raurich[24], président de Rigpa France, instructeur « senior » et traducteur français de Sogyal Rinpoché, préside l'événement avec une autre étudiante avancée, Pascale Fabre. Olivier Raurich, âgé d'environ 50 ans, est un homme dynamique et bronzé au physique de sportif. Dans la vie ordinaire, il enseigne les mathématiques en classes préparatoires. Pascale Fabre est une femme plus jeune, d'environ 40 ans, brune, à l'aspect plutôt doux et agréable. Sa voix, calme et veloutée, contraste avec celle, étonnamment aiguë, d'Olivier Raurich. C'est à Pascale Fabre qu'il revient la plupart du temps de « sonner le gong » et de signaler le début du week-end. Sa manière de dire « bonjour » en susurrant dans le micro à voix basse évoque à la fois la mère de famille qui tire ses enfants du lit et la jeune femme sensuellement éveillée au matin par son amant. Après quelques commentaires et félicitations au sujet du « courage » que les participants ont rassemblé pour se trouver ici plutôt qu'ailleurs, Olivier Raurich et Pascale Fabre entament avec l'assemblée la « prière de motivation », destinée à conférer une dimension « non ordinaire » et « altruiste » (pour ne pas dire « religieuse ») aux activités proposées :

« Par le pouvoir et la vérité de cette pratique, puissent tous les êtres jouir du bonheur et des causes du bonheur ; puissent-ils être libres de la souffrance et des causes de la

---

24. Olivier Raurich a récemment quitté Rigpa.

souffrance ; puissent-ils ne jamais être séparés du grand bonheur dénué de souffrance ; et puissent-ils demeurer dans la grande équanimité qui est libre de tout attachement et de toute aversion. »

Ensuite, ils annoncent le programme des deux journées à venir. Ce programme consiste dans le développement de tel ou tel thème annoncé pour le week-end. Ce jour-là, il s'agissait d'apprendre à « s'engager dans l'activité » – c'est-à-dire à travailler bénévolement pour l'association. Ces réunions de groupe, qui ont lieu un week-end par mois dans tous les centres Rigpa du monde entier, ont pour but de rapprocher les pratiquants et de former une communauté bouddhiste (*sangha*) à part entière. L'objectif visé contredit donc d'emblée l'idée selon laquelle le bouddhisme serait avant tout une pratique individuelle et solitaire. Il s'agit bien là de se constituer en Église, même si le terme utilisé est différent.

Ces réunions prennent la forme de séances de psychothérapie de groupe au cours desquelles sont échangées, dans des cercles d'individus de plus en plus larges, des confidences sur le « ressenti » provoqué par l'évocation du thème proposé à la « méditation ». En l'occurrence, nous devions nous exprimer sur ce que nous ressentions au sujet de « l'activité », c'est-à-dire, en fait, montrer à l'ensemble du groupe que nous avions bien compris la nécessité de travailler gratuitement pour l'entreprise du maître, en plus de payer pour obtenir ses services. En utilisant le langage consacré par Rigpa – mélange de vulgate psychothérapeutique et de doctrine bouddhique – nous devions justifier en termes supposément bouddhiques le don de soi à l'association : la purification du karma s'obtient en faisant des dons gratuits, sans rien attendre en retour ; payer pour obtenir des cours (ce qui est par ailleurs également demandé) n'est qu'une forme occidentale d'échange, matérialiste, ne pouvant garantir l'accession à l'Éveil ; c'est pourquoi, nous apprenions à reformuler à la suite des instructeurs, il convient de venir faire le ménage chez Rigpa, s'occuper de la paperasse, transcrire des enseignements, répondre au téléphone, arranger l'autel, etc. Il ne s'agit donc pas de leçons de catéchisme, dont la hiérarchie s'assurerait de l'acquisition par l'aveu d'un « je crois ». Il n'en reste pas moins qu'il est demandé à l'assemblée des fidèles de témoigner publiquement de son adhésion à un certain nombre de croyances et de sa soumission à un certain nombre d'exigences. Cela passe, non par la récitation pure et simple d'un Credo (qui avait au moins le mérite d'être honnête et transparent), mais par la démonstration de chacun devant tous de sa capacité à faire sienne la rhétorique développée par le groupe. Utiliser les bons mots et les bonnes expressions répond à une double finalité : prouver que l'on appartient bien à la *sangha* (que l'on *mérite* d'y appartenir, puisqu'on en a si bien assimilé l'ethos, qu'on en maîtrise si bien les présupposés) et transformer la réalité décrite pour la rendre acceptable. Comme dans la novlangue d'Orwell, le réel est en effet décrit à l'aide d'expressions euphémisantes qui permettent de restreindre la prise de conscience de ce qui se passe réellement, et par là même la capacité d'y résister ou simplement d'y faire face avec lucidité. Le travail bénévole devient ainsi « l'activité », la soumission au maître « le lien du cœur », son service personnel le *lama care*, l'acceptation de ses brimades « l'état d'esprit du débutant », le comportement irrespectueux, voire humiliant, de ce dernier, « la folle sagesse ». Il est en effet plus facile, et même éminemment plus désirable, d'avoir affaire à « la folle sagesse » qu'à un patron autoritaire. Pourtant, la réalité en question est exactement la même. Par oxymore, l'expression de « folle sagesse » évoque quant à elle une réalité mystique qui nécessite, pour être comprise, de dépasser les apparences de la réalité. Thème cher au bouddhisme : le « vrai » réel se trouve caché derrière le réel apparent. Seul l'esprit large et profond du méditant accompli est capable de l'apercevoir. Utiliser ce type de vocabulaire pour décrire des situations on ne peut plus banales, voire moralement critiquables, permet ainsi aux disciples non seulement d'accepter une réalité triviale qu'ils n'auraient pas acceptée ailleurs, mais également de conférer à cette banalité une aura de mysticisme insondable. Si je montre que je suis capable de l'apercevoir en la décrivant par les mots prescrits par l'association, c'est donc que je suis spirituellement supérieur(e). Les séances de psychothérapie de groupe, improvisées par des bénévoles non qualifiés en la matière, donnent ainsi lieu à des bavardages sans grand intérêt du point de vue de leur contenu, mais extrêmement utiles pour le groupe : elles permettent de former (ou devrais-je dire *formater* ?) les individus en leur inculquant une nouvelle manière de voir. Cela passe par l'acquisition d'un langage particulier, qu'ils apprennent à pratiquer entre eux lors de ces discussions. L'objectif effectivement recherché par le groupe (qui s'oppose à l'objectif fantasmé, lié à la vague idée de « développement

personnel ») rejoint donc la doctrine bouddhiste tibétaine :
il s'agit de transformer la manière dont les disciples voient
le monde, en les faisant accéder à une réalité supérieure.
Mais cet objectif n'est pas atteint, comme dans la pratique
tantrique traditionnelle, par la pratique assidue de rituels.
Il est atteint au moyen de l'acquisition d'un langage perfor-
matif : les expressions, les mots utilisés créent une nouvelle
réalité à laquelle il devient difficile d'échapper[25]. Telle est
donc la « modernisation » opérée par ce néobouddhisme.
L'emprise du groupe et de la hiérarchie sur l'individu n'a
pas disparu, comme on aime à le croire : pour continuer à
s'imposer, elle a simplement changé de méthode. Ce langage
est intéressant à étudier, car il révèle une vision du monde
dichotomique, séparant « les grands maîtres » du reste de
l'humanité – les seconds devant évidemment se soumettre
aux premiers. Il est caractérisé, au niveau lexical, par :

A) L'emploi surabondant d'adjectifs au nombre limité et
caractérisés par leur dualité :

1° D'une part (en nombre inférieur à 10) : « ordinaire »,
« habituel », « confus », « illusionné », « erroné », « perturba-
teur », employés au sujet des disciples.

2° D'autre part (en nombre inférieur à 15) : « non ordinaire »,
« extraordinaire », « incroyable », « merveilleux », « spacieux »,
« dense », « intense », « précieux », appliqués au sujet de
Sogyal Rinpoché, des « maîtres » et des « enseignements ».

---

25. John Langshaw AUSTIN, *Quand dire c'est faire*, Paris, Seuil, 1970, rééd. en
poche, Paris, « Points Essais », Seuil, 2001 ; 1re éd., *How to do things with Words.
The William James Lectures delivered at Harvard University in 1955*, Oxford,
Éditions Urmson, 1962.

3° Auxquels s'ajoute une troisième catégorie d'adjectifs employés au sujet des personnes extérieures à Rigpa. Le mot récurrent – si ce n'est unique – de cette catégorie est : « impressionné ». Par exemple : « Les autres lamas sont impressionnés de la qualité de présence des étudiants de Rinpoché. »

B) Une abondance de verbes d'état (les verbes d'action étant une exception) :

1° Indiquant l'erreur ou la contradiction quand ils désignent l'état « habituel » des étudiants : « être dans le faire » (redoublement de verbes – le plus souvent de verbes *contradictoires* montrant combien *l'action*, et particulièrement l'action *incohérente*, caractérise l'individu occidental), « juger », « s'attacher », « être distrait », « être dans l'illusion », « être sur un disque rayé », « être agité », « être compliqué », « réagir », etc. Cette catégorie de verbes se caractérise par son manque de variété. On ne décrit en réalité que très peu ce que *font* les étudiants dans leur état d'ignorance. Tout ce que l'on sait (et c'est suffisant), c'est qu'ils « font » de manière « erronée ».

2° Indiquant une plénitude ou un pouvoir de régénérescence quand ils désignent Sogyal Rinpoché : « être », « être spacieux », « être dans l'ouverture », « être détendu », « être authentique », « être spontané », « être simple », « être extraordinaire », « être centré », « être inspirant », « créer l'environnement propice à la pratique », « ouvrir à son espace de méditation », « aimer », etc. Là encore, le vocabulaire est plus riche quand il s'agit de Sogyal Rinpoché.

3° Indiquant un mouvement, une ouverture ou un relâchement quand ils désignent les actions conseillées aux étudiants pour sortir de leur état d' « ignorance » et de « confusion » :

« s'asseoir », « s'ouvrir », « se relier », « pratiquer », « transformer son esprit », « déposer son esprit », « faire confiance », « entrer dans l'espace de méditation de Rinpoché », « se détendre », « lâcher », « lâcher-prise », « sortir des schémas, des films, des histoires, des concepts, des disques rayés, des habitudes, de la confusion », etc. Cette catégorie lexicale est la plus importante de toutes celles qui concernent les étudiants : on parle surtout de ce qu'ils *doivent faire*, après avoir dit qu'ils « faisaient mal ».

C) Un nombre important de noms communs, caractérisés par leur technicité philosophique, religieuse, souvent dotés d'un sens nouveau :

D)

1° Évoquant l'artificialité, la fausseté ou l'intellect quand ils sont associés aux disciples : « confusion », « concept », « fabrication », « projection », « conditionnement », « dualisme », « schémas », « habitudes », « obscurcissement », « obstacle », « blocage », etc. Le terme de « niveau », traduisant un souci évident de hiérarchisation, apparaît également fréquemment.

2° Évoquant le mysticisme ou la perfection lorsqu'ils sont associés à Sogyal Rinpoché ou à d'autres « grands maîtres » : « la Vue », « la Dimension d'être », « l'énergie de sagesse », « l'amour », « le cœur », « la spontanéité », « la plénitude », « l'harmonie », « la perfection », « la nature de Bouddha », etc.

3° Propres à la philosophie et aux pratiques bouddhiques : « les enseignements », « le dharma », « l'étude ». Ces mots sans définition précise reviennent sans cesse.

4° Des mots précis et techniques, qualifiés parfois – avec une distance purement rhétorique puisque l'on ne cesse pas pour autant de les employer – de « jargon Rigpa ». Ces mots reviennent constamment dans les discours, sans que leur sens exact ne soit jamais clairement formulé. Il peut s'agir d'abréviations ou de néologismes propres à l'association, souvent relatifs à l'organisation du groupe : « mandamé » (acronyme pour : « mandala ménage »), « sanghamis » (amis de la *sangha*), expressions souvent accompagnées d'un sourire ou d'un ricanement destinés à marquer la distance que l'on prendrait avec elles.

5° De courtes expressions récurrentes, du type : « tout est bien », « c'est intense », « c'est profond », « c'est extraordinaire », « c'est incroyable », « lâchez ».

E) Une absence ou quasi-absence d'adverbes, qui participe de la simplification des énoncés. Apparaissent toutefois des adverbes de temps dépourvus de nuance, tels « toujours », « jamais », « quelquefois », « souvent ».

Au niveau syntaxique, ce langage se caractérise par :

A) Une simplification extrême des énoncés (absence ou quasi-absence de propositions relatives ou de parenthèses).

B) Les phrases les plus fréquentes sont construites sur le modèle suivant : A est X, à préciser de deux manières possibles : soit positive quand il s'agit des « maîtres », des « Tibétains » et surtout de « Sogyal Rinpoché » (par exemple : « les maîtres sont dans l'ouverture »), soit négative quand il s'agit de « nous », « étudiants », « Occidentaux » (par exemple : « Nous, en Occident, on est trop dans le faire »). La prédominance de cette forme grammaticale, associée à la simplification binaire du vocabulaire, tend à la production intensive de jugements essentialistes (péjoratifs ou laudatifs).

C) L'emploi de phrases courtes ou au contraire de très longues phrases à relatives inextricables.

D) L'emploi des registres de langage courant (« il faut faire ci ») et familier (« c'est vachement ça »), qui contribue à l'appauvrissement de la langue utilisée et des idées transmises, la recherche du mot juste et l'expression de la nuance n'étant pas une caractéristique du langage employé qui se veut davantage fondé sur la répétition de formules simples et accessibles à tous.

Les séances de discussions de groupe, supposément consacrées au « développement personnel » des adeptes, se terminent la plupart du temps par un éloge du maître et une injonction à se relier à lui par un « lien non ordinaire », un « lien du cœur », également appelé par le terme sanscrit *samaya*. Or, entre le *samaya* traditionnel et le *samaya* dont il est question chez Rigpa, une différence saute immédiatement aux yeux : le lien sacré entre le maître et ses disciples paraît être instauré indépendamment de toute cérémonie de consécration. Il est introduit de manière informelle par les échanges entre étudiants et se substitue à tout rituel d'entrée, y compris celui de la « prise de refuge », sorte de baptême bouddhique. Le *samaya* chez Rigpa n'est pas présenté comme un ensemble de vœux incluant des devoirs envers le maître, les enseignements et la communauté des disciples, mais, par euphémisme, comme un simple « lien du cœur », qui serait le garant de « la pureté de la lignée ». Cette dernière serait dès lors fondée non pas sur la transmission de rituels, comme c'est le cas du bouddhisme tibétain traditionnel, mais sur une simple reconnaissance intérieure, d'ordre émotionnel ou sentimental, de la « bonté » ou de la « compassion » d'un maître par ses disciples. Cela constituerait une autre « modernisation » du bouddhisme, une salutaire « adaptation du dharma à l'Occident ». Cependant, l'absence de rituel traditionnel n'est pas une garantie d'autonomie et de liberté individuelles. On sait ce que l'on peut attendre d'un prêtre de l'Église catholique : on sait quelles sont ses prérogatives, ses fonctions, ses devoirs et les limites de son pouvoir. On sait ce qu'impliquent (ou sont censés impliquer) le baptême, la communion solennelle, la confirmation ou le mariage religieux. Que sait-on en revanche des pouvoirs accordés à un « grand maître omniscient » auquel il faudrait accorder une confiance totale, a priori et sans aucun garde-fou ?

L'APPARITION

Après plusieurs semaines passées à contempler la relique audiovisuelle avec mes camarades du « cours d'introduction », j'étais assez impatiente de découvrir le maître en chair et en os. Assister à ses « enseignements directs » (directs en ce sens qu'ils seraient à même d'éveiller instantanément le spectateur, sans passer par l'étude des textes ou la pratique des rituels), « s'asseoir » avec lui est considéré comme une bénédiction suprême. Il faut avoir un karma extrêmement positif pour avoir la chance d'en bénéficier. C'est donc munie de mon karma – et de quelques centaines d'euros – que je me suis rendue à l'un de ses week-ends d'enseignement, qui avait lieu au centre de Levallois-Perret.

L'entrée, vers 9 h 30 est contrôlée par trois ou quatre personnes positionnées dans le vestiaire, juste à l'entrée du temple. Elles vérifient que chaque nouveau venu a bien réservé et payé sa place. Le public se presse dans le vestiaire. Des « assistants » aident au contrôle de l'entrée et fournissent aux visiteurs un sac en plastique destiné à recevoir leurs chaussures. Puisqu'il n'y a pas assez de place sur les étagères habituelles, chacun doit les emmener avec soi. On entre ainsi chargé de ses sacs, chaussures, parapluies et manteaux. Parfois, un étudiant responsable de l'accueil émet un commentaire encourageant, à vocation humoristique, à l'attention du spectateur auquel il tend son billet, du type : « Bonne chance, il en faut pour atteindre l'Éveil ! » Comme lors des week-ends *sangha*, domine l'idée qu'il y a là quelque chose d'incongru – et surtout d'éminemment méritoire – à être ici plutôt qu'ailleurs. Le public de ces week-ends est constitué d'étudiants de tous niveaux, auxquels s'ajoutent de tout nouveaux venus : amis d'étudiants, lecteurs du *Livre tibétain de la vie et de la mort*, simples curieux. L'accès aux prestations publiques de Sogyal Rinpoché au centre de Levallois-Perret fait cependant l'objet, depuis quelques années, d'un contrôle plus sévère, au motif que les enseignements donnés par le maître ont de plus en plus trait aux « enseignements Dzogchen », présentés comme le pinacle du mysticisme tibétain, et doivent par conséquent demeurer cachés aux non initiés, qui ne sauraient les comprendre.

Lorsqu'on a pénétré dans le temple, le trône vacant est à sa place habituelle. C'est immédiatement sur lui que se pose le regard. Cependant, apparaissent vite quelques nouveautés : une petite table, au-devant de l'estrade, a été installée pour que le maître puisse y déposer ses papiers ainsi que ses tasses de thé et de médecine tibétaine ; une caméra est installée en face du trône, au milieu des premiers rangs ; un cameraman, qui va et vient autour du matériel d'enregistrement, effectue quelques derniers réglages ; plusieurs bouquets de fleurs fraîches, souvent blanches, tels des lys ou des arums, à moins qu'il ne s'agisse de grandes gerbes colorées, sont disposées de part et d'autre du trône. Le temple se vêt ainsi d'un air de grande cérémonie. Tout est fait pour faire de la venue du maître un événement hautement dramatisé. L'atmosphère est tendue, frénétique, nerveuse. Les responsables et bénévoles s'affairent, s'agitent, inquiets de mal faire, impatients de tout mettre en ordre : l'heure n'est pas à la « sérénité » et cette entrée en matière, pour le nouveau venu, peut être un peu inattendue, voire légèrement déconcertante.

Au bout d'une demi-heure, le temple est comble, il peut rassembler jusqu'à 300 personnes. Beaucoup prennent place à même le sol, sur les côtés de l'assemblée, au fond de la pièce, autour de l'estrade, dans la salle de bibliothèque adjacente, sur les marches des deux escaliers, derrière l'autel parfois (juste devant la porte interdite de « la maison »). Chacun s'installe bruyamment, disposant ses affaires là où il peut. S'étalent alors de grandes provisions de boissons, de nourriture, de couvertures, de *mala* (rosaires bouddhiques), de textes de « pratiques » (liturgies), de papier, de stylos, de photos de Bouddha, de Padmasambhava ou de Sogyal Rinpoché, d'appareils électroniques... Cette profusion s'explique par le fait que « l'on ne sait jamais quand ça va commencer ni encore moins quand cela va finir ». Celui qui ne connaît pas encore la formule l'apprendra peut-être à ses dépens, car Sogyal Rinpoché interdit aux membres du public de sortir lorsqu'il enseigne, pour quelque prétexte que ce soit. La scène m'a plusieurs fois donné l'impression d'un début d'aventure en montagne, certaines personnes étant venues chargées d'un immense sac à dos de randonnée, d'une gourde en métal et de grosses chaussures et chaussettes de marche. Peut-être s'agit-il d'un effort pour gagner le Tibet, alors même que le Tibet veut bien descendre jusqu'à nous ! Si certains arborent ainsi l'allure du parfait randonneur, d'autres ont revêtu une panoplie d'emblèmes tibétains : gros bijoux en argent, turquoise et corail, souvent indifféremment achetés dans des boutiques « ethniques » ou « orientales », vêtements de fête et couleurs associées au Tibet (rouge, bordeaux, safran), grands châles que l'on déploie et que l'on enroule avec ostentation, maquillage vif pour certaines femmes, coiffures longues et volontairement négligées aussi bien pour les hommes que pour les femmes, ou au contraire chevelures soignées et arrangées avec sophistication. Rien ne paraît en tout cas laissé au hasard. Ces personnes avaient sans doute déjà reçu la consigne de Sogyal Rinpoché concernant la tenue vestimentaire : « Pour stimuler le *lung* (souffle vital dans la médecine tibétaine, qualifié souvent ici d' « énergie »), il faut se faire beau, porter des vêtements de choix et des bijoux de valeur. » Certains portent des étoles rouges, ces grandes pièces de tissu que l'on achète dans la plupart des centres de retraite bouddhistes et qui signalent que l'on effectue une retraite. On s'en enveloppe avec soin, moins pour se protéger du froid (la pièce étant suffisamment chauffée) que pour se mettre dans l'état d'esprit du méditant himalayen, protégé du vent dans sa haute retraite désolée. Certains pratiquent déjà l'assise, imperturbables. Les autres s'interpellent, échangent quelques nouvelles, discutent vivement entre eux, négocient vite une meilleure place (« parce que j'entends pas bien, parce que je vois pas bien, parce que j'ai mal au dos, parce que je suis claustrophobe... »). C'est un joyeux brouhaha côté public, une agitation toujours plus inquiète côté responsables, qui courent d'un bout à l'autre du temple, un papier, une clé, un téléphone à la main, pour régler tel ou tel point d'organisation. On ouvre une porte, on la referme, on appelle à l'aide, on gémit, on souffle, on trépigne un peu d'impatience, mais l'on essaie de rester calme et surtout, de garder le sourire. Le temps presse, il s'agit d'être prêt. Il semble soudain que la nouvelle soit confirmée : « Rinpoché arrivera vers 11 h 30 ! » On respire un peu mieux. Quelqu'un referme la porte du temple, et l'on comprend à ce signal qu'il s'agit de s'asseoir et, bientôt, de faire silence. Je comprends que ce « grand maître de renommée internationale » que l'on attend, c'est une véritable personnalité, une vedette, un « people ».

Quand tout le monde est assis - à part deux ou trois responsables chargés de l'ouverture des portes, munis de talkies-walkies - je constate une nouvelle hiérarchisation de l'assemblée. Tout près du trône, à droite et à gauche, se trouvent quelques jeunes femmes, les fameuses *dakinis*. Aux premiers rangs, se trouvent les plus proches disciples et collaborateurs, dont Damien Brohon, Pascale Fabre et Olivier Raurich, souvent assis ou debout à côté de l'estrade, un micro à la main pour pouvoir traduire Sogyal Rinpoché. Vers le milieu de l'assemblée, sont assis les plus fidèles étudiants. Sur des bancs situés le long du couloir, les membres du *Care*, portant un gros badge blanc, sont à la disposition du public en cas de besoin. Aux extrémités de la salle, la masse des étudiants et des spectateurs. Enfin, tout au fond, à proximité de la porte, des bénévoles chargés de la surveillance et de la fermeture des portes. Parmi les personnes importantes de la communauté, il faut également signaler les « érudits », au nombre de trois ou quatre : ce sont des étudiants « avancés » de Sogyal Rinpoché qui ont étudié le tibétain et le bouddhisme. Ils sont souvent identifiés comme appartenant au milieu universitaire. L' « érudit » principal de Rigpa est, de longue date, Philippe Cornu. Tout autre type d'universitaire ou d'intellectuel, dont la spécialité ne serait pas le « bouddhisme tibétain », n'est pas considéré comme un « érudit ».

Olivier Raurich procède avec un sourire malicieux à ce qu'il appelle « le rituel du comptage ». Sogyal Rinpoché aurait expressément demandé que soient comptabilisés tous les participants au week-end, et que soit précisé le nombre de « nouveaux » parmi eux, c'est-à-dire les personnes n'ayant jamais mis les pieds auparavant dans un centre Rigpa, autrement dit, les nouveaux clients. C'est souvent une vingtaine de « nouveaux » qui lèvent alors la main. Olivier s'adresse à eux et leur dit : « Pour ceux qui viennent pour la première fois, vous aurez une petite session particulière, à l'étage, parce qu'il y a certaines choses que vous n'arriverez pas, sinon, à mettre en contexte. » La « session débutants », dont la teneur exacte n'est pas encore précisée, est alors annoncée pour un moment indéterminé de la journée, en fonction de l'arrivée et du temps de parole de Sogyal Rinpoché, imprévisibles en raison de son caractère « spontané » et « non conventionnel ». À ce propos, Olivier Raurich précise que la « spontanéité », cette qualité si caractéristique du « style » de Sogyal Rinpoché, doit être prise en considération par les spectateurs. Elle constitue, *en elle-même*, les enseignements les plus aboutis sur « la nature de l'esprit ». Elle implique également ment un certain nombre de règles, expressément formulées : ne pas avoir d'horaires fixes, ne pas prévoir d'autres activités ou rendez-vous durant toute la durée de la retraite, ne pas quitter le temple en présence de Sogyal Rinpoché, même pour se rendre aux toilettes, ne pas faire preuve d'esprit critique vis-à-vis de ce qui se manifestera dans le temple et, surtout, « tout accepter comme un enseignement ». Un « grand maître », affirme en effet Olivier Raurich, n'est pas un être humain comme les autres. Et celui qui s'apprête à entrer dans le temple est plus « spécial » encore que ses semblables, du fait de son caractère « non conventionnel ». « Non conventionnel » signifie que « le maître », contrairement à « nous », ses étudiants, spectateurs ou simples « Occidentaux » en général, n'a pas à se plier aux règles du sens commun et du savoir-vivre élémentaire. Sogyal Rinpoché se manifestera donc sous la forme inattendue voire choquante d'un être délié de toute obligation sociale ordinaire. L'étudiant est appelé à ne pas s'en offusquer, mais à « rester ouvert », « dans l'état d'esprit du débutant », capable de voir dans toute manifestation « spontanée » de son maître, avec lequel il entretient une relation karmique depuis des vies et des vies. Tout ce qui sera dit et fait par Sogyal Rinpoché, annonce-t-on avec emphase, doit être compris comme « un enseignement ». Plus grand sera le décalage entre « nos concepts » (ce à quoi on s'attend à tort de la part d'un religieux) et la banalité, la trivialité ou l'étrangeté de sa manifestation (ce qu'il fera effectivement), plus le message délivré devra être considéré comme profond. Ainsi la sagesse du maître se trouve-t-elle d'abord et avant tout dans l'incongruité de sa manifestation physique – non dans ce qu'il enseigne par des mots. Il faut avoir « foi » et « dévotion » en lui, non pas *en dépit* de l'absurdité annoncée, mais bien *en raison* de cette absurdité. Surgit alors, vêtu d'habits tibétains, le vieux principe du *credo quia absurdum*, « je crois parce que c'est absurde ». Mais que le disciple de la « spiritualité rationnelle » se rassure : la foi et la confiance requises au départ ne sont que des « moyens habiles » (*upaya*), des « techniques spirituelles » destinées à entraîner l'esprit. En s'habituant à voir au-delà de la manifestation incohérente ou choquante de son maître, le disciple apprend à « voir au-delà des apparences » dans la vie en général, ce qui est l'objectif métaphysique prescrit par le bouddhisme. Seulement, qu'on le veuille ou non, cette accession à la « vision pure » doit bel et bien passer par un acte de foi. Toute la fastidieuse entrée en matière des instructeurs n'a d'autre but que de faire admettre ce fait.

L'heure annoncée approche. L'attention s'aiguise, l'agitation gagne du terrain, les oreilles se tendent. Les bruits des voitures qui circulent dans la rue deviennent ainsi d'éventuels indices : est-ce lui ? Non, pas cette fois... Mais là peut-être ? Non, pas encore... Puis une voiture s'approche et ralentit soudain. Le moteur se met à ronronner, on entend un coup de frein, la portière claque : cette fois, plus aucun doute, c'est lui ! Un messager sorti de « la maison » vient confirmer la nouvelle à l'oreille des instructeurs, qui se mettent alors debout, toutes activités suspendues, les yeux rivés sur la porte du temple.

Alors, d'un seul corps, l'assemblée fait de même. Beaucoup joignent les mains en prière au niveau de la poitrine. Tous les regards se tournent avidement vers cette porte qui tarde encore à s'ouvrir. On attend un peu plus. C'est que le maître, dans le vestiaire, est en train de changer son costume.

Ayant été installée sur un siège pliable dans l'embrasure de la porte, côté vestiaire, j'ai pu assister discrètement à l'arrivée de Sogyal Rinpoché. Venu de son appartement de Courbevoie situé à 10 ou 15 minutes de route avec une escorte de deux ou trois voitures destinées à transporter ses vêtements suspendus sur des cintres (interdiction de les plier), ses sacs de nourriture et ses liturgies, ses accompagnatrices, ses chauffeurs et ses porteurs équipés de talkies-walkies, Sogyal Rinpoché n'arrive au centre qu'une fois remplies toutes les conditions d'organisation qu'il exige et dont il a au préalable vérifié la bonne application par assistants interposés. L'impression est celle d'avoir affaire à une célébrité politique nécessitant un système de protection ultrasophistiqué, à la différence près que les gardes du corps de Sogyal Rinpoché n'exercent pas là de profession rémunérée : ils œuvrent par « dévotion » afin d'en recevoir des « bénédictions ». Vêtu en franchissant la porte du centre d'un pantalon et d'une chemise clairs, il choisit l'une des trois robes, couleur champagne, qui venaient d'être suspendues pour lui dans le coin de placard qui lui est strictement réservé. L'une des jeunes femmes qui l'accompagnaient resta seule avec lui, tandis que les deux autres s'avancèrent rapidement dans le temple pour finir de préparer son trône. La première se chargea de lui faire revêtir sa robe. Sogyal Rinpoché paraît sur les nerfs avant d'entrer sur scène : il vérifie que chaque détail de son vêtement est impeccablement disposé, avec son petit badge « Rigpa » doré agrafé sur le devant gauche de sa robe, une *chuba* tibétaine (robe de laïque souvent perçue à tort comme une robe monastique). Il arrange sa coiffure à l'aide d'un petit peigne en plastique couleur corne, s'assure qu'on lui donne bien ses trois mouchoirs en papier pliés en trois suivant une procédure particulière, les place dans un pli de sa robe, ajuste sa montre, prend son stylo favori, vérifie que ses notes d'enseignement avec codes couleurs sont prêtes, ainsi que son thermos et sa tasse de thé à motifs chinois. Une fois que tout est en règle, n'adressant pas un regard à ceux des étudiants qui, comme moi, se trouvaient près de lui, Sogyal Rinpoché franchit la porte du temple et, d'un pas vif, s'engage dans l'allée pour venir s'installer sur son trône. L'acteur s'apprête enfin à entrer en scène. Les étudiants sont debout, tournés vers lui, tandis qu'il traverse la pièce les mains en prière. Certains, après son passage, font des prosternations. Il s'installe sur son siège alors qu'un assistant lui apporte ses notes et son thé. L'assistance est prostrée. On entendrait voler une mouche. Le maître regarde ses notes en silence. Puis il s'adresse à Olivier Raurich à voix basse, jauge son auditoire d'un air satisfait, souriant et un brin amusé. Il interroge ensuite son assistant sur le nombre de personnes comptabilisées et fait un commentaire, du type *very good, very good*. Puis il retourne à ses papiers. L'assistance médusée est en attente, les yeux fixés sur ses mains qui s'agitent sur la table.

L'HOMME D'AFFAIRES
NOUS DÉVOILE SA SAGESSE

Arrivé après plusieurs minutes d'attente fébrile à l'écoute du moteur des voitures, Sogyal Rinpoché a surgi soudainement dans le temple en parlant à voix haute : il était visiblement de mauvaise humeur. Suivi de deux jeunes femmes, il s'adressait à une troisième, grande et robuste blonde à l'allure nordique et aux cheveux courts, habillée d'un sévère tailleur-pantalon anthracite, et que je surnommais à part moi « la colonelle ». Sogyal Rinpoché était très en colère contre elle. Excédé, il détourna son regard d'elle et dit d'une voix forte : « Les ventilateurs ! Les ventilateurs ! Sabah, viens ici ! ». Les proches et Sabah (une étudiante bénévole chez Rigpa) se précipitèrent, décodèrent les gestes du maître, devinèrent les morceaux de phrases laissés en suspens, amenèrent enfin de grands ventilateurs qu'ils branchèrent là où ils purent, de manière à rafraîchir la salle où régnait une chaleur étouffante. Pendant que les assistants s'affairaient, je regardais discrètement Sogyal Rinpoché : il exerçait son commandement, tel un capitaine de navire, ordonnant tout, ne bougeant pas d'un pouce. D'après les consignes et avertissements reçus au cours de la séquence précédente, j'étais censée interpréter ce comportement comme marque de compassion, de « folle sagesse ». Tout en donnant des ordres, il s'adressait à la « colonelle », rigide et obéissante dans son vêtement guindé : « Tu dois apprendre à visualiser. N'intellectualise pas, ne présume pas ! » *Visualiser* voulait dire ici, comme je le devinai alors, *anticiper* sur les tâches matérielles à accomplir plutôt qu'attendre que le besoin d'organisation ou l'ordre du maître ne se fasse sentir.

Ainsi, les principes de la « méditation », telles « visualisation » et « vigilance », devaient être appliqués au travail bénévole chez Rigpa, qui en était, sinon l'aboutissement logique, du moins l'une des plus importantes et prestigieuses applications pratiques. Puis il élargit la critique, l'étendant à l'ensemble de ses proches : « Vous attendez toujours que tout le monde vous dise ce que vous devez faire. Vous êtes pourtant des adultes, plus des bébés ! Vous devez utiliser votre bon sens ! J'ai demandé de mettre une table comme ça en bloquant les escaliers. Sherab (la « colonelle ») est responsable, mais je parlais aussi à Jérémie. J'avais une étudiante qui est devenue ma secrétaire et elle avait comme philosophie que "les autres le feront bien", et une fois elle a bousculé mon *kutsab* (statuette de bouddha) qui s'est presque cassé, parce qu'elle n'avait pas suivi mes instructions et qu'elle n'en avait fait qu'à sa tête ! » Il suivit alors des yeux une jeune femme en chignon, mince et délicate, à l'allure de danseuse, qui entrait à l'instant dans « la maison », puis en regarda une autre, une brunette ronde et bouclée, qui venait de se présenter à lui. Soudain, il avisa un jeune homme aux cheveux longs qui avait accouru pour lui servir son thé. Visiblement agacé par cette vision masculine, il lança brusquement : « Et puis qu'est-ce que c'est que ça ? C'est bizarre, ça, quand même ! Pour les Tibétains, c'est vraiment très bizarre ! Quand vous servez, vous devez vous couper les cheveux, ou vous les attacher correctement... Mais il paraît que sa femme aime bien... ! » L'assistance hésita brièvement entre le rire et le malaise, que l'on s'efforçait ostensiblement de réprimer, sachant pertinemment qu'il s'agissait là encore de « spontanéité », et qu'y voir autre chose serait la preuve de ses propres « concepts distordus », le reflet de sa propre « négativité » et de sa crasse « ignorance ». Le public assista donc à la scène de réprimande avec une attention à la fois sérieuse (« tout est enseignement ») et détendue (le maître fait aussi cela pour nous faire rire). Puis, me donnant l'impression d'être soudainement conscient de la présence des spectateurs, Sogyal Rinpoché se mit en devoir d'expliquer en quoi ces « instructions » ne concernaient pas uniquement ceux auxquels il s'adressait, mais, en réalité, « tout le monde ». Il les reliait ainsi aux « instructions sur la méditation ». Le « vous » devenait alors inclusif et général. *Tous* les étudiants et spectateurs devaient se sentir concernés : « J'ai parlé de vigilance, et de coordination, et de responsabilité en méditation, et visiblement vous en manquez, vous ne savez pas comment faire pour l'appliquer dans votre vie quotidienne, vous ne savez pas comment faire sur le champ. Sabah, elle, elle a un service de coursier, je l'ai formée, elle est très bien maintenant. Elles travaillent ensemble, avec Sherab. » Puis, s'adressant à son assistant masculin qui venait de s'attacher les cheveux et lui faisait une révérence avant de lui resservir du thé : « Non, pas comme ça (*il imite avec une grimace l'extrême méticulosité de l'homme, NdA*) ! Sois plus grossier, plus naturel ! Tu es ridicule ! » La relation du chef d'entreprise avec ses travailleurs est ainsi posée comme modèle de la relation maître-disciple. Le contexte managérial est considéré équivalent à celui de la « spiritualité » ou du « bouddhisme ». Agir sous les ordres de Sogyal Rinpoché chez Rigpa n'est rien d'autre que pratiquer la « méditation ».

Après avoir donné ces directives, dont le public ne détermine pas toujours très bien le sens mais qui ont toujours trait à l'organisation et au bon fonctionnement de Rigpa, Sogyal Rinpoché vérifie auprès d'Olivier Raurich et de Kimberley qu'ils savent exactement où ils en sont du programme d'enseignements à l'échelle internationale. Les enseignements sur tel ou tel thème (par exemple, « la compassion » ou « les relations »), où ont-ils été donnés, et quand ? Les collaborateurs doivent le savoir par cœur. Ils disposent de fichiers, créés, organisés et transportés par Kimberley, qui en est la spécialiste. Ces fichiers répertorient tous les enseignements donnés par Sogyal Rinpoché depuis les années 1990, classés par date, lieu et thème. Ils sont synthétisés et réorganisés suivant un code complexe de couleurs. Sogyal Rinpoché demanda à Kimberley « ce qu'[ils] avaient fait ce matin ». Quelles vidéos avaient été diffusées ? De quoi traitaient-elles ? Kimberley essaya de rappeler à celui qui apparaissait alors clairement comme son patron, avec une diction exagérément articulée, les points de doctrine déjà abordés le matin, en rappelant qu'ils avaient déjà été donnés au cours d'une précédente retraite dont elle précisa la date et le lieu. Sogyal Rinpoché l'interrompit sans cesse, l'incitant à reformuler l'idée autrement, ce qu'elle s'empressait de faire en étant à la fois plus synthétique et précise, mais il la contredit encore, de manière brutale et péremptoire, sans qu'elle se départe jamais de sa patience et de sa bonne volonté : « Mais non ce n'est pas ça ! Ça vient d'où, cet enseignement-là ? Il faut savoir être rigoureux ! Qu'est-ce que c'est que ce travail ? » Sortant alors l'énorme classeur des thématiques, Kimberley lui donna le plus distinctement et le plus élégamment possible la réponse qu'il attendait : « Vous avez donné ces enseignements à Kirchheim en novembre dernier, Rinpoché. » Lequel répondit, visiblement peu intéressé par la réponse : « Tu es sûre ? Et maintenant, vous allez diffuser des vidéos, non ? » Après avoir ainsi abruptement changé de sujet, il passa plusieurs minutes à accorder son violon avec les autres instructeurs seniors au sujet d'autres détails pratiques, toujours sous les yeux d'un public ébahi. Il insistait surtout sur le fait qu'ils devaient être en mesure de prendre des initiatives pour que le travail se fasse efficacement suivant le programme qu'il avait imposé. Le travail en question a trait à l'enregistrement vidéo de ses performances dans le monde entier, leur transcription intégrale, leur classement, leur synthèse par thème, leur élaboration sous forme de matériaux divers (en vente à la boutique ou distribués aux instructeurs pour leur formation interne :

fascicules, CD, DVD, MP3...), l'organisation des voyages, la propreté des lieux, la manière de le servir comme « maître » lorsqu'il enseigne, etc. En d'autres termes, le développement commercial de l'entreprise.

L'homme d'affaires spirituel ne regarde pas encore son vaste auditoire, celui-là même qui a payé pour voir ses « enseignements directs », et qui attend autre chose que le compte rendu de ses activités managériales. Mais celui-ci parle encore de ses prochains voyages, « à Londres, à Bangkok, à Sydney », des projets qu'il aimerait développer – la « psychothérapie dharmique » notamment. Il laisse entendre qu'il fraye avec les grands de ce monde : « Après cela, je vais enseigner à Berlin, Amsterdam et au Bhoutan. Le roi et le Premier ministre m'ont demandé d'enseigner... Mes enseignements sont très réputés maintenant. » Il mentionne aussi le dalaï-lama, « [s]on ami Richard Gere » et « Sarkozy » avec qui les relations ne sont pas spécifiées. « Carla » apparaît également, lorsqu'il évoque la consécration du temple de Lerab Ling, à laquelle elle assista effectivement, en présence du dalaï-lama, en août 2008. Cela donne lieu à des monologues assez longs, au cours desquels il n'hésite pas à s'autocongratuler.

Il se plaît également à montrer qu'il est modeste et jovial, malgré les hautes responsabilités qui lui incombent. Il n'hésite pas à se présenter comme « un boudin, non un Bouddha », à lancer des blagues sur « les pets » (allant jusqu'à faire le bruit), parle de « sex-toys », de « chiens qui baisent », de « pipi » ou du fait de « rentrer chez soi et de trouver sa femme au lit avec un autre ». Tout cela témoignerait de son style « spontané » et « non conventionnel », évidemment, mais également de sa « connaissance de l'Occident ». L'humour dont il essaie de faire preuve concerne aussi beaucoup ses étudiants. Il se moque très souvent de leurs différentes nationalités : les Français parlent « avec émotion », sont « trop sentimentaux » mais « gentils quand même », ils veulent « absolument être des artistes et n'en faire qu'à leur tête », ils adorent le fromage ; les Allemands sont « efficaces mais trop stricts », ils ont « une tendance à crier *Mein Führer* ! » ; « les Hollandais ont de drôles de noms. »

Le disciple ne doit cependant pas s'imaginer qu'il est là pour plaisanter d'égal à égal avec son maître. Seul ce dernier a le pouvoir de manier l'humour, serait-ce au détriment du premier. J'ai découvert cette règle implicite lors de l'incident suivant. À la question de Sogyal Rinpoché : « Qu'avez-vous saisi de l'enseignement de ce matin ? », plusieurs étudiants répondirent en chœur : « Tout ! Nous avons tout compris ! » Mais la réponse ne satisfit pas Sogyal Rinpoché : « O.K., "tout", mais expliquez ! C'est quoi, "tout" ? » Le public, entraîné par les quelques plaisanteries que Sogyal Rinpoché venait de faire, se mit de nouveau à rire. Un homme essaya de faire une blague, reprenant apparemment un terme inventé par Sogyal, et qui fit beaucoup rire l'assemblée, « la *fulnessness* ! ». Sogyal Rinpoché le foudroya du regard et rétorqua : *Don't try to be funny : you have to be serious. Try to become more... German... or you don't speak.* Cela ne fut pas traduit par Olivier Raurich. Cet épisode suscita un malaise chez le public, qui reçut cet autre enseignement : l'humour est l'apanage du chef ; on ne se moque pas du chef, même si lui peut évidemment se le permettre à notre égard.

L'homme d'affaires nous dévoile sa sagesse

Ce rétablissement abrupt de la hiérarchie s'accompagna dans l'assemblée d'un léger froid, d'un vague malaise. Mais subitement, Sogyal Rinpoché se mit à entonner un chant tibétain, faisant des gestes rapides de ses mains. On l'écouta, on l'observa, ne sachant pas non plus comment comprendre cet épisode. Beaucoup d'étudiants avaient en tout cas l'air captivé, saisi par le spectacle changeant, varié et imprévisible du « maître de folle sagesse ». Finalement, une femme dans l'assemblée leva la main : « Ce qu'on a retenu, c'est qu'on est tous dans la distraction. C'est très difficile de tourner son esprit vers l'intérieur. » Sogyal Rinpoché acquiesça, mais demanda plus de détails sur « la transmission essentielle de [s]es enseignements » : « Mais il y a bien d'autres points, dites-moi d'autres points. » Un membre du public se lança, peu sûr de lui mais entraîné par la première prise de parole : « Il ne faut pas être inquiet pendant qu'on médite. » Un troisième ajouta : « Il faut lâcher prise de celui qui regarde. » Un quatrième : « Quand on est assis, les pensées peuvent surgir. » Mais soudain le maître interrompit le dialogue pour annoncer, visiblement mécontent des réponses qu'on lui donnait : « C'est la fin de l'enseignement. Éteignez les lumières. » Stupeur dans l'assemblée, accompagnée d'un vague sentiment de culpabilité : s'il décide de partir, c'est sans doute que nous n'avons pas su « l'inspirer » suffisamment, que notre « présence », notre « dévotion » ou notre « attitude » n'étaient pas adéquates. Comme me le dit en chuchotant mon voisin : « La dévotion, ce n'est pas seulement pour le maître : lui aussi, il a de la dévotion pour nous, c'est pour ça qu'il est là. Mais si nous n'en avons pas assez pour lui, il perd celle qu'il a pour nous. » Curieuse réflexion sur la réciprocité supposée de la dévotion, qui serait exempte de tout rapport de force. Sogyal Rinpoché entretint quant à lui ce silence inquiétant durant plusieurs minutes, puis lâcha brutalement : « Bon, O.K., je continue! » Le soulagement dans la salle fut net, quoique avec une certaine artificialité, comme si l'on n'avait jamais cru un seul instant qu'il risquait véritablement de partir.

Le maître aime également montrer qu'en dépit de sa sévérité, il éprouve une réelle affection envers ses disciples. Il affirma un jour, se posant presque comme un Jésus ou une Sainte Vierge : « Si vous saviez comme je vous aime ! Je vous aime tellement ! »[26], et parle quelquefois d'eux comme de ses « enfants ». Ces manifestations de tendresse sont exclusivement d'ordre verbal. Quelquefois, il montre au public une photo de groupe prise au centre de Lerab Ling et commente, d'un air attendri : « J'ai des photos de tous les centres qui écoutent mes enseignements. Il y a un certain nombre de personnes qui viennent d'un peu partout, sur cette photo. » Que faut-il conclure de toutes ces simagrées ? Que s'il nous maltraite quelquefois, c'est uniquement pour nous aider à progresser sur le chemin spirituel. Qui châtie bien aime bien. Sa dureté n'est qu'un signe supplémentaire

---

26. Voir la vidéo diffusée lors du week-end *sangha* de janvier 2011, où il affirme : « Je vous aime tellement ! Au-delà de toutes les conventions, jusque dans votre nature de Bouddha. C'est la compassion : je vous aime parce que je sais ce dont vous êtes capables [...]. Quand je suis courroucé – regardez Vajrakilaya – il y a une luminosité dans cet aspect tranchant. La chose principale, c'est que je vous aime tellement. C'est un amour fou, un amour de folle sagesse. Je suis une émanation de l'amour. Je suis une manifestation de votre nature de Bouddha. Je viens pour vous sauver [...] »

L'homme d'affaires nous dévoile sa sagesse

de sa compassion – pourquoi n'y avoir pas songé plus tôt ? L'homme d'affaires attend par ailleurs que l'on réponde avec ferveur à ses déclarations d'amour. Les spectateurs doivent ainsi « faire leur *feedback* » à voix haute, et sur-le-champ. En effet, les séances d'enseignement de Sogyal Rinpoché se terminent la plupart du temps par des éloges publics du maître, dont les membres de l'assemblée affirment au micro qu'il est « vraiment un enseignant extraordinaire », que ses « enseignements m'ont touché au plus profond de mon être », que « ce que vous avez dit m'a bouleversé », etc.

Les « enseignements » supposément bouddhiques sont insérés par bribes éparses dans cette « manifestation de folle sagesse » – bien qu'il faille garder à l'esprit que cette dernière constituerait *en elle-même* « l'essence du boud-dhisme ». Ainsi Sogyal Rinpoché s'interrompt-il quelquefois pour dire soudainement : « Regardez-moi dans les yeux. » Il redresse alors son dos, regardant fixement devant lui, parfois vers quelqu'un en particulier, qui se sentira alors particulière-ment privilégié. Les étudiants sont ainsi invités, comme lors des cours d'introduction, à « s'asseoir avec lui ». La relique audiovisuelle prend ainsi forme humaine et vivante. Ces séquences peuvent durer trois ou quatre minutes, guère plus. Il lui arrive également de mimer avec ses bras l'oiseau qui s'envole ou de chanter le mantra de Padmasambhava pour « créer une atmosphère » propre au « dévoilement de la nature de l'esprit ». Ces épisodes donnent l'impression d'assister à une séance d'hypnose : en position surélevée, seul autorisé à parler, les suggestions d'ordre verbal que le maître prononce et les gestes qu'il effectue devant un public attentif et immobile ont pour objectif annoncé d'induire un état de conscience altéré, caractérisé à la fois par la détente et la concentration. Quoi qu'il arrive, le spectateur doit être capable de tout accepter de la part de son maître : ses ordres, ses caprices, ses mystifications. Il doit apprendre face à ce flot ininterrompu d'improvisations en tout genre, à « rester dans l'équanimité », état d'indifférence recherché traditionnellement dans le bouddhisme. Pour « transformer l'esprit occidental », à la fois « trop intellectuel » et trop « matérialiste », et le faire accéder à « la Vue qui transcende toutes les illusions », cette organisation néobouddhiste considère ainsi qu'il faut confronter le disciple à diverses situations éprouvantes, qui ont toutes pour point commun de ne pas correspondre aux attentes des Occidentaux (à leurs « concepts »). Il conviendrait ainsi de les faire assister à des démonstrations publiques d'autoritarisme patronal outrancier, qualifié une fois pour toutes et unilatéralement de « folle sagesse ». Ce nouveau dogme, auquel les individus doivent adhérer aveuglément et que l'on pourrait qualifier d' « infaillibilité lamaïque » dans la mesure où quoi qu'il fasse, le maître est supposé avoir toujours raison, n'est certes pas exposé tel quel dans un catéchisme officiel. Il n'en reste pas moins que ce dogme existe, qu'il est réellement imposé et qu'il conditionne, comme j'allais rapidement le constater, la valeur intrinsèque d'une personne.

Mon impureté karmique

Les deux femmes chargées de la « session débutants » se présentent : Monique, la soixantaine, cheveux gris, secs, et physique lourd, d'aspect et de voix lymphatiques, et Dominique, un peu plus jeune, fluette et garçonne, qui s'exprime au contraire avec vivacité, les yeux souvent écarquillés et les mains remuantes. Elles activent la relique audiovisuelle. Sogyal Rinpoché apparaît à l'écran, et nous écoutons, recueillis, son enseignement. En deux mots, elles expliquent ensuite ce que sont « le bouddhisme » et « la méditation ». Puis, elles entament une discussion de groupe, dont je comprends très vite qu'elle sera exclusivement consacrée au « comportement de Rinpoché ». Les instructrices nous demandent, à nous qui venons de voir le grand maître pour la première fois : « Rinpoché aimerait connaître vos réalisations suite à ses enseignements, c'est très important pour lui. Ça peut juste être un mot, une impression, quelque chose qui vous a frappés. » Elles attendent les commentaires, crayon à la main. Mes camarades se lancent d'abord avec timidité, faisant part de leurs questions et de leurs difficultés :

– Une femme, la cinquantaine : « Bonjour, je m'appelle Lucile, je viens d'Alès, et j'ai été très touchée par Sogyal Rinpoché. J'aimerais savoir comment devenir étudiante... » *(les instructrices lui disent de regarder sur Internet pour voir quel est le centre le plus proche de chez elle et de prendre contact avec lui pour les inscriptions. NdA).*

– Un homme, la quarantaine : « J'ai appris plein de choses, surtout que l'on doit laisser, abandonner certaines choses plutôt que de vouloir les obtenir – surtout nous, Occidentaux, qui sommes assaillis de pensées. Les pensées et les émotions, on n'est pas ça, en fait » *(l'une des instructrices, le tutoyant d'emblée, surenchérit alors sur la nécessité de « lâcher ses pensées ». NdA).*

– Un étudiant débutant : « J'ai beaucoup aimé l'image du "ciel et des nuages" : le ciel, je ne pensais pas que ça existait, mais dans le contexte de Rinpoché, je l'ai ressenti. »

– Un autre, enchaînant : « Faire le vide, c'est le bonheur ! En décembre, j'étais pas bien, j'arrivais pas à faire le vide, j'avais un trop-plein de questions, je n'avais plus envie d'exister. Et puis, à force de méditer, ça allait mieux... Malgré les hauts et les bas, on sait qu'on peut remonter : c'est important. »

– Un débutant qui comme moi se rendait aux cours hebdomadaires : « Oui, faire le vide... »

– L'homme déprimé : « Quand je l'écoutais, j'étais bien, ça coulait de source, quoi. »

– L'une des deux instructrices : « Attention, faire le vide, ce n'est pas se forcer, c'est un processus naturel, cela vient à force de pratiquer. Il ne faut pas forcer. C'est important. »

– Une autre femme, la cinquantaine : « L'image du ciel me trouble beaucoup, car le ciel n'a pas de réalité physique : c'est une image. J'arrive pas à adhérer à cette image. Ce qui me gêne, c'est la question de l'observateur *(dans la méditation. NdA)* : qui observe qui ? C'est un peu comme les poupées russes, les *matriochkas*. Comment progresser ? »

– L'une des deux instructrices : « Mais oui, ne vous inquiétez pas, cela va progresser. Il ne faut pas se poser trop de questions. Quand on est dans l'ouverture et le lâcher-prise, les difficultés finissent toujours par se dissoudre. L'esprit ordinaire disparaît peu à peu. Il faut faire confiance, et pratiquer. »

– La dame : « L'esprit se dissout... Mais vous voyez, à ce moment-là, j'ai très peur... Cette impression de vide, c'est terrifiant... enfin, terrifiant, je ne sais pas comment dire, mais... »

– L'instructrice : « Si c'est ce que vous éprouvez, c'est que l'observateur est encore là... Il n'y a que le jour où on l'expérimente qu'on comprend vraiment de quoi il s'agit. Parce que l'intellect ne veut pas lâcher, alors il va tout faire pour créer toutes sortes de phénomènes pour empêcher que ça lâche. Quand ça arrive, on peut utiliser certains moyens, comme l'invocation (du maître, de Gourou Rinpoché...), pour traverser ces périodes difficiles. »

– L'instructrice : « L'enseignement donne confiance dans l'enseignement. »

Les instructrices interrompent brusquement cette passionnante discussion et demandent comment leur public a « perçu Rinpoché », leur question de départ, qu'avaient laissée de côté les participants. Forcés de s'y

Mon impureté karmique

confronter, ils répondent chacun à leur tour, par ordre de placement dans la salle :

– Une femme d'environ 55 ans, de Rouen : « Je suis venue ici à l'invitation de ma fille. Je découvre. »

– L'une des deux instructrices : « Et qu'avez-vous ressenti en voyant Rinpoché ? »

– La dame de Rouen : « Ce que j'ai ressenti... ? C'est qu'on a l'habitude de tellement faire attention à ce qui nous entoure... On se préoccupe sans cesse des autres, de ce qu'ils pensent... Mais lui, il est tellement naturel, à l'aise... Tous les gens qui étaient autour de lui, j'ai eu aussi l'impression d'un grand bien-être... Je comprends pourquoi ma fille vient, je comprends ce qu'elle ressent. Elle a beaucoup changé depuis qu'elle pratique... » La dame se met à raconter la façon dont son « quotidien » a commencé à être amélioré grâce à la « pratique » de sa fille. « J'espère que moi aussi, ça va m'apporter quelque chose. Mais mon mari, lui, il est parti... »

– L'une des deux instructrices : « Et alors, Rinpoché ? Ça vous a fait du bien ? »

– La dame : « Oui. Il respire... Je sais pas... La quiétude, le bien-être... » Les instructrices, satisfaites, ont un sourire approbateur.

– Une femme, la cinquantaine, étudiante débutante du samedi après-midi, sentant que l'on faisait un tour de table et qu'il lui fallait prendre la parole : « Je viens du 92 et je suis l'enseignement d'un autre maître, non bouddhiste, mais quand j'écoute les instructions de Sogyal Rinpoché sur la méditation, je sens que ces instructions viennent de la spontanéité, dans l'instant... Et en même temps, quand il est arrivé tout à l'heure, j'ai eu un mal de tête assez important, et ça a duré tout le temps qu'il a été là... »

– Une instructrice : « Oh mais c'est classique, ça, ne vous inquiétez pas ! C'est une résistance. C'est l'ego qui a peur de se laisser aller. C'est une très grande résistance. » L'autre instructrice note tout ce que le public exprime.

– Une femme, 40 ans environ, Italienne habitant Paris, se lance alors subitement, après un court instant d'hésitation : « Je connais quelqu'un qui pratique beaucoup, et je pensais que cela me ferait du bien de voir le maître... mais je dois dire que j'ai été presque déçue, avec son côté directif, son ego, quand il dit "Regardez-moi !" Et il n'a pas arrêté de donner des ordres ! Je m'attendais à quelqu'un de plus calme, comme le dalaï-lama... Et puis quand il dit "N'ayez pas peur", ça, c'est comme Jean-Paul II ! C'est valable dans n'importe quelle religion ! Donc franchement, j'ai été déçue, ça ne m'a pas plu du tout. »

Les deux instructrices, s'interrompant l'une l'autre, tentent de répondre à l'objection en pesant bien leurs mots et en ralentissant ostensiblement le flux de leurs paroles. Elles n'ont pas l'air décontenancé par la remarque : « En fait, vous venez de faire un commentaire sur le *style* de Rinpoché : c'est simplement sa manière d'*apparaître*. Rinpoché, c'est un maître *courroucé*, un maître *de folle sagesse*, il n'est pas du tout conventionnel, il ne sera pas du tout comme on attend qu'il soit. Il fait ça pour casser nos habitudes, nos *projections*. Le fait de nous *surprendre*, cela permet de *casser les projections* qu'on peut avoir. Et puis, les personnes à qui il donne des ordres, ce sont des *étudiants proches* qui ont demandé à être disciples.

Mon impureté karmique

Ça peut être surprenant pour quelqu'un qui arrive... Mais si vous continuez à venir, vous verrez que c'est simplement l'expression de la plus *grande* compassion, du plus *grand* amour... » (*Les « manifestations » de Sogyal Rinpoché ne sont qu'une apparition phénoménale comme une autre, que le spectateur doit identifier comme une « projection » de son propre esprit. Il est donc entièrement responsable de ce qu'il voit : à la limite, Sogyal Rinpoché n'a rien à voir là-dedans. NdA).*

– L'Italienne, interrompant l'instructrice : « Il disait jamais "s'il vous plaît" !... Et puis cette histoire de trône !... » (*Il avait ce jour-là réclamé un trône. NdA*)

– L'instructrice, toujours très calme : « En fait, c'est les étudiants qui doivent dire "s'il vous plaît" et "merci", car c'est un bienfait extraordinaire pour chacun d'entre eux. »

– La dame de Rouen, osant maintenant parler plus franchement : « Moi aussi, cela m'a énormément choquée », puis, se ravisant sous le regard des instructrices : « Mais c'est peut-être son attitude, les choses extérieures... ? » (*Elle voulait dire, n'ayant pas encore bien intégré le langage Rigpa : « son apparence », « sa manifestation ».NdA*)

– Une femme intervient : « Moi j'ai ressenti au contraire un grand respect envers les gens. » Et, avec un brin de mépris à l'attention de sa voisine : « On ne doit pas voir les choses de la même façon ! » (*C'est qu'il existe une vision pure et une vision impure des phénomènes, en fonction de l'état du karma de chacun. NdA*)

– L'instructrice, pour éviter la dispute entre l'Italienne et cette dernière (la tension est sensible, mais chacune se contrôle) : « En fait, en faisant déplacer le siège pour le remplacer par le trône, en faisant ça, il n'est pas un être ordinaire : il a dépassé toutes les inhibitions. C'est parce qu'il voit nos schémas qu'il tranche, comme un rayon laser– et ça fait pas du bien, le laser, c'est sûr ! C'est comme un enfant qu'on gronde. Mais à long terme, ça porte ses fruits : c'est comme ça qu'il faut voir les choses. » Là-dessus, elles ont un sourire entendu qui renvoie le spectateur à un avenir indéterminé dans lequel lui aussi pourra comprendre, enfin, le bien-fondé de cette gronderie. Elles poursuivent : « Quand il dit "Regardez-moi dans les yeux, vous devez me regarder", c'est parce que c'est une transmission d'esprit à esprit, et ça, ça passe par les yeux. Il a tellement envie qu'on le comprenne ! Il a une si grande compassion ! »

– L'autre instructrice : « D'autre part, il faut toujours se souvenir de l'instant où il a dit ça, le remettre dans son contexte, retenir le point précis, voir ce que cela signifiait *dans la situation.* »

Je décidai alors de sortir de ma réserve et de poser abruptement la question : « Mais comment être sûr qu'il est vraiment éveillé, que c'est vraiment sa compassion qui se manifeste ? »

– L'une des deux instructrices, amusée par tant de naïveté : « Ah ! C'est le serpent qui se mord la queue ! » Me renvoyant à ma propre « ignorance » ou à la qualité très médiocre de mon « karma », elle poursuit : « On ne peut juger que du niveau où l'on est - et on ne peut *jamais* juger du niveau où l'on est[27]... On peut juste voir l'état dans lequel on se trouve

---

27. Que comprendre à cette formulation étrange ? Il faut a priori comprendre qu'on ne juge que de là où on se trouve, c'est-à-dire à partir d'un niveau plus ou moins élevé dans la hiérarchie spirituelle, mais comme on ne connaît jamais le niveau exact qu'on a pu atteindre sur cette échelle mystérieuse (sauf quand on est « éveillé »), mieux vaut ne pas juger, étant à peu près sûr d'avoir tort.

Mon impureté karmique

en sa présence... Observer un maître, c'est difficile dans la société occidentale. Au Tibet, c'était plus facile, car il y avait des authentifications... Ici, il y a tellement de charlatans ! On a le devoir de s'interroger... En fait, pour répondre à votre question, il faut voir si ça change quelque chose en nous, s'il y a quelque chose qui a changé en sa présence, ou après avoir pratiqué ses enseignements... »

– L'autre instructrice ajouta, l'air triste : « Il a un lien avec certaines personnes, pas avec d'autres... » Sous-entendu, je n'étais pas une élue.

– L'Italienne, étrangement radoucie, vient au secours de l'instructrice : « Et puis il y a la reconnaissance par le dalaï-lama ! C'est communautaire, il y a une lignée, une reconnaissance... »

– L'instructrice : « Exactement !... »

– Une femme, l'œil un peu noir tourné vers moi : « C'est peut-être que vous ne comprenez pas la compassion ! »

– L'instructrice, cherchant à éviter la querelle : « Le maître essaie de briser ce qui fait obstacle... Il faut voir en soi quel aspect est le plus important dans la réception de l'enseignement. Peut-être qu'il y a des choses qui ne vous conviennent pas, et c'est justement là-dessus qu'il faut travailler, pour se libérer de ses obstacles. Mais peut-être que vous n'avez pas de lien karmique avec lui... En tout cas, il faut prendre le temps de l'observer, lui et ses étudiants, pour se rendre compte de ce qui se passe... Pour certains, ça peut être lui tout de suite, car on a une connexion, mais ça n'est pas toujours le cas... »

– L'autre instructrice : « Il faut vraiment voir le résultat que cela produit sur soi : est-ce qu'il est là pour nous emprisonner et nous avoir sous sa coupe ou au contraire pour nous libérer ? Tout ce qu'il fait, il le fait avec une compassion incroyable ! C'est comme avec un enfant près de se faire écraser par une voiture et qu'on empoigne pour le sauver. »

Je rétorque que ce n'est pas vraiment comparable, risquant de plus en plus de compromettre ma position de neutralité dans le groupe pour aller, si possible, au bout de la discussion : « Je ne comprends pas la comparaison. Ici, où est la voiture près de nous écraser, où est le danger ? On ne comprend pas toujours bien le rapport entre ce qu'il fait et le danger dont il dit nous écarter. Par exemple, l'histoire du trône : où était le danger, en quoi a-t-il sauvé ces personnes ? » Une femme me coupa, en secouant la tête : « J'adhère complètement à sa personnalité. » L'instructrice, à mon égard et pour couper court à la discussion, ajouta : « Je crois que c'est une question de lien karmique. »

Comme on voit, cette « session débutants » peut donner lieu à des débats animés et même à de notables conflits d'interprétation. Ces derniers sont sollicités par les instructrices pour les désamorcer. Si je suis ainsi intervenue dans la discussion, jusqu'à être étiquetée comme une dangereuse blasphématrice, c'est autant par curiosité intellectuelle (jusqu'où irait-on dans la défense du comportement de « folle sagesse » ?) que par profond agacement. Il n'est pas rare que certains réagissent de la même manière soit ouvertement au cours de ces discussions, soit plus discrètement à l'extérieur de Rigpa (devant l'entrée du centre avec d'autres participants, par exemple). Qu'il y ait ou non de telles interventions critiques, les discussions portent systématiquement sur la

Mon impureté karmique

question du « comportement de Rinpoché ». Il est remarquable que les discussions de groupe finissent toujours par un plaidoyer des participants en faveur dudit « comportement », même par celles des personnes qui s'étaient au départ déclarées sceptiques. L'individu réfractaire fait l'objet d'une labellisation comme « intellectuel » (ce fut ici mon cas) et est souvent ignoré et évité par la suite. À la sortie, certains, à qui j'aurais souhaité parler, m'évitèrent en effet soigneusement. Les regards suspicieux qu'ils me jetèrent, la bienveillance excessive, un brin apitoyée, des instructrices à mon égard et le retournement inattendu de l'Italienne (qui prenait maintenant des adresses auprès des instructrices) me laissèrent, à vrai dire, avec une certaine amertume. Je résolus de ne plus chercher, à l'avenir, à aller au bout de la discussion. Je compris que « le grand maître » était définitivement au centre de tous les discours, de toutes les activités, de toutes les attentions. Le boud-dhisme, la méditation, c'est lui, et rien d'autre. Je comprenais maintenant comment certaines personnes, et notamment certaines femmes, pouvaient se laisser entraîner dans la voie de la subordination absolue à son égard. L'idée que la « folle sagesse » entraîne un changement d'état d'esprit et de comportement est en réalité tout à fait juste. C'est pourquoi certains y adhèrent. Mais dans quel sens change-t-on, et en vue de quoi ? Le problème est que le résultat obtenu n'est pas le résultat recherché. On cherche la libération de toutes les aliénations psychologiques, mentales, culturelles, sociales (libération que l'on appelle « l'Éveil ») : on se retrouve à devoir adhérer à un dogme d'infaillibilité lamaïque et à se soumettre aux caprices d'un homme d'affaires qui s'amuse à faire prendre des vessies pour des lanternes à ses disciples. Certes, il y a eu dans l'histoire du bouddhisme un grand nombre de maîtres particulièrement sévères, il y a même eu des « saints fous » (*mahasiddha*) qui maltraitaient positivement leurs disciples. La chose est bien connue et narrée dans des livres, notamment dans le récit autobiographique de Milarepa. Cependant, l'argument de la tradition bouddhique ou tibétaine ne paraît pas très solide, quand on observe ce qui se passe dans les centres de cet acabit. En effet, j'ai remarqué que les rares fois où un Tibétain, lama ou non, était présent dans la salle, les « manifestations de folle sagesse » cessaient immédiatement. Il est certain qu'un tel comportement ne serait jamais accepté des Tibétains. On peut à juste titre en conclure que les « maîtres de folle sagesse » (et ils sont plus nombreux qu'on ne l'imagine) se paient littéralement la tête des Occidentaux. Quoi qu'il en soit, ces « sessions débutants » opèrent un nouveau formatage. Les débutants n'apprennent ni le bouddhisme, ni la méditation : ils apprennent une nouvelle manière de parler, et de parler d'une chose essentielle : Sogyal Rinpoché. Quand on se sent choqué par ce qui apparaît comme un comportement autoritaire, il faut se dire « impressionné par tant de compassion », quand on est mal à l'aise en entendant des plaisanteries racistes ou sexistes, il faut se dire « touché par tant d'humour », etc. Si cette conformation aux nouvelles règles langagières ne peut être publiquement affichée, les « nouveaux » sont exclus ou doivent s'exclure eux-mêmes silencieusement du groupe. Il est extrêmement difficile voire impossible de poursuivre son parcours chez Rigpa si l'on refuse de reprendre à son

Mon impureté karmique

compte le langage de la dévotion. Notons d'ailleurs que les réflexions provoquées par les manifestations contradictoires de la « spontanéité » ou « folle sagesse » de Sogyal Rinpoché dépassent largement le cadre de ces « sessions débutants ». Elles se manifestent au cours de la démonstration même et sont parfois radicales et désabusées. Ce fut le cas d'une jeune femme, assise à mes côtés, qui venait pour la première fois et me confia qu'elle « avait peur d'être dans une secte ».

Convaincre les Occidentaux

À ce stade de l'enquête, le lecteur peut légitimement s'interroger sur les critères de la légitimité de ce célèbre « Bouddha pour l'Occident », du moins sur les causes de son succès. Comment parvient-il, malgré ce comportement pour le moins extravagant, à être pris au sérieux à une aussi grande échelle ? Car ce « maître de folle sagesse » est aujourd'hui à la tête d'une organisation multinationale présente dans une quarantaine de pays, avec plus de 130 succursales et plusieurs dizaines de milliers d'inscrits. Pour asseoir sa légitimité, on le présente généralement comme un « grand maître », comme « l'auteur d'un classique de la spiritualité tibétaine »(*Le Livre tibétain de la vie et de la mort*) et comme « un proche du dalaï-lama ». Qu'en est-il dans les faits ?

Ce que l'on nomme en Occident « maître tibétain » n'équivaut pas nécessairement à ce que les Tibétains entendent par « lama »[28]. Ce terme (tib. *bla ma*) est utilisé depuis l'arrivée

---

28. Voir Donald S. Lopez Jr., *Fascination tibétaine, op.cit.*, p. 32-33.

du bouddhisme au Tibet au VIIe siècle comme traduction du sanscrit *guru,* qui signifie « maître », « enseignant », c'est-à-dire une autorité religieuse capable de dispenser les enseignements qu'il a reçus. Dans son sens prébouddhique, le terme signifie soit « au plus haut », soit « mère exaltée ». *La* se traduit en effet par « âme », « esprit », « force individuelle », signifiant également « en haut », « supérieur » ; *ma* correspond à la fois à une particule négative, un indicateur substantif et un mot pour « mère ». En contexte bouddhique, *lama* a pris le sens de « maître religieux », dans lequel les Tibétains prennent refuge au même titre que le Bouddha, le Dharma, le Sangha. Par extension, il désigne le chef du monastère ou son enseignant principal, ou bien encore une personne qualifiée pour les rituels tantriques, comme les tantristes laïques, en tibétain *snags pa*[29]. Un lama peut donc être un ermite (à vie ou temporaire), un yogi, un religieux marié, un érudit, un moine (lettré ou illettré). Le terme possède également ment un autre sens : celui d' « incarnation ». Les lamas sont ainsi des maîtres éveillés ayant choisi de se réincarner pour mener les êtres du *samsara* à la libération. La plupart des lamas qui officient en Occident appartiennent par ailleurs à la catégorie particulière des *tülku. Tülku* est la traduction tibétaine du sanscrit *nirmanakaya,* « corps d'émanation » du Bouddha. Il désigne les lamas « réincarnés », comme il en existe environ 3 000 lignées au Tibet. Cette spécificité tibétaine est issue de l'innovation doctrinale des « trois corps

---

29. Geoffrey SAMUEL, *Civilized Shamans. Buddhism in Tibetan Societies,* Washington D.C., Smithsonian Institution Press, 1993, p. 271.

du Bouddha » introduite par le Mahayana. D'où vient cette notion des « trois corps » et qu'implique-t-elle ?

Quatre siècles après la mort de Siddharta Gautama, de nouveaux textes produits en Inde se sont employés à redéfinir l'identité du Bouddha. Que se passe-t-il en effet pour les disciples après la mort de leur maître : en qui, en quoi prennent-ils refuge ? C'est pour pouvoir faire perdurer la relation de dévotion au maître en dépit de sa mort que les doctrinaires inventèrent la fiction suivante – similaire à celle de la résurrection du Christ : le Bouddha n'est pas un être humain qui a un jour atteint l'Éveil, a enseigné pendant quarante-cinq ans et est passé à sa mort en *parinirvana* : c'est en réalité une entité surnaturelle qui a seulement feint de subir des épreuves, d'atteindre la réalisation suprême sous l'arbre de la Bodhi et de mourir comme le commun des mortels. Ce faisant, il employait des « moyens habiles » (*upaya*) pour inciter ses disciples au renoncement et les inspirer par l'exemple.

La doctrine des « trois corps » du Bouddha (*trikaya*) distingue ainsi un corps métaphorique, surnaturel, regroupant toutes les qualités de tous les êtres éveillés apparus régulièrement dans l'univers. Appelé *dharmakaya*, c'est en lui que les adeptes du Mahayana prennent refuge.

Le Bouddha possède également un deuxième corps, le « corps d'émanation », appelé *nirmanakaya*, qui lui permet de se manifester auprès des hommes et des dieux sous la forme d'objets animés ou inanimés.

Enfin, le Bouddha est aussi *sambhogakaya*, « corps de jouissance », existant sur un mode extatique dans ses propres « terres pures », lieux surnaturels décrits dans les sutras comme des jardins luxuriants où les arbres portent des pierres précieuses, où la terre est d'or, etc. Le plus connu de ces paradis est celui du Bouddha Amitabha.

La doctrine des trois corps s'est traduite différemment en fonction des contextes locaux. Au Tibet, ses implications furent essentiellement politiques. En raison du déclin de la monarchie tibétaine au IXe siècle, l'autorité religieuse et politique fut progressivement remise aux religieux bouddhistes. Dans la mesure où la plupart de ces lamas étaient des moines célibataires, se posait le problème de la succession. Souvent, le pouvoir (c'est-à-dire la propriété des terres et l'autorité politique) était transmis d'oncle à neveu. Cependant, à partir du XIIe siècle, une nouvelle forme de transmission se développa sur le fondement de la doctrine des trois corps. Il fut admis que les grands lamas pouvaient choisir leur incarnation future et que les jeunes successeurs pouvaient être reconnus grâce aux prédictions qu'ils laissaient avant de mourir. C'est ainsi que des lignées de *tülku*, ou « corps d'émanation » du Bouddha, se mirent en place. Au niveau doctrinal, ces « réincarnations » sont considérées comme des bouddhas, puisqu'ils maîtrisent le processus de la mort et de la renaissance. Ils sont censés se manifester dans le monde uniquement pour mener les êtres sur le chemin de la libération. Ils portent le titre de *Rinpoché*, « précieux joyau ». Un *tülku* est généralement formé par le *guru* (« maître » en sanscrit) que leur précédente incarnation avait elle-même formé, de manière à assurer une continuité dans la transmission des enseignements.

Un *tülku* remplit plusieurs fonctions : il joue tout d'abord un rôle spirituel, qui est de poursuivre l'œuvre de son prédécesseur, et un rôle social, économique, parfois politique. En tant que maître spirituel, son rôle est de recevoir, en plus du cursus d'études générales, la transmission des enseignements et des œuvres de son prédécesseur, dont il est censé poursuivre le travail. Il devient ainsi le détenteur de la lignée de ses prédécesseurs et a pour tâche de transmettre ces enseignements à ses disciples qui, à leur tour, après sa mort, les confieront à son successeur. Le *tülku* a également un rôle social important à jouer, dans la mesure où la vénération que lui vouent naturellement les fidèles, moines et laïques, leur attribue une autorité importante au sein du monastère et de la hiérarchie religieuse de leur école. Le *tülku* détient également un pouvoir économique puisqu'en raison de son prestige et par dévotion envers sa précédente incarnation les fidèles laïques soutiennent le monastère qu'il dirige en faisant des offrandes. Le *tülku* est souvent réputé pour être un prodigieux leveur de fonds. La renommée du *tülku* a d'ailleurs une incidence directe sur la prospérité des monastères. De plus, dans le cas où le *tülku* est le hiérarque d'une école au pouvoir, il se peut qu'il joue un rôle important dans le gouvernement du pays. La succession des *tülku* remplace donc la passation de pouvoir de type héréditaire. Cela avait pour but d'éviter la monopolisation du pouvoir par une seule famille. Certains *tülku* deviennent moines, d'autres sont des yogis (tantristes) mariés. Ils conservent dans les deux cas le pouvoir de diriger le monastère de leur prédécesseur. Toutes les lignées du bouddhisme tibétain ont adopté le principe des *tülku*, tout en admettant plusieurs autres modes de transmission.

Sogyal Rinpoché n'est pas un lama au sens où il serait l'abbé d'un monastère, un moine érudit ou un tantriste. Il l'est, par extension et à titre honorifique, dans la mesure où il a été reconnu *tülku* par le mari de sa tante maternelle, son « maître » Jamyang Khyentsé Chökyi Lodrö. Il semble que cette reconnaissance ait avant tout été le résultat d'un arrangement familial. En effet, dans le récit de la famille Lakar livré par la mère de Sogyal Rinpoché[30], se dessine en creux une histoire familiale particulièrement instructive. Le père de ce dernier n'apparaît que très brièvement dans sa généalogie, pour ne plus être mentionné du tout par la suite, probablement en raison d'un divorce. Dans la famille Lakar, comme souvent au Tibet, la transmission du nom et du patrimoine se fait suivant le principe de la matrilinéarité, les hommes ne s'adjoignant à la famille que comme « gendre ». En l'absence de père, et en raison du remariage de la mère avec un autre homme, il fut convenu entre les deux sœurs de la famille, la mère et la tante de l'enfant, que celui-ci serait adopté par son oncle Jamyang, l'époux de la plus jeune. Jamyang est donc en réalité devenu le père adoptif de Sogyal Rinpoché et, pour justifier l'adoption et lui conférer un caractère sacré, il lui fut ajouté une dimension religieuse : Sogyal fut reconnu réincarnation d'un tantriste du XIXᵉ siècle, Tertön Sogyal. Cette reconnaissance impliquait la nécessité qu'un religieux plus âgé, en l'occurrence Jamyang, s'occupât du jeune garçon.

---

30. Mayum Tsering Wangmo, « A Brief History of the Lakar Family », lotsawa-house.org.

Ainsi était en quelque sorte officialisée l'adoption. La filiation spirituelle remplace la filiation biologique. Le terme de « maître spirituel » attribué chez Rigpa et dans *Le Livre tibétain de la vie et de la mort* à Jamyang Khyentsé Chökyi Lodrö est donc avant tout de l'ordre de la métaphore. Il ne faut pas l'entendre au sens d'une transmission de savoir-faire rituels, comme c'est le cas dans les lignées monastiques ou tantristes. Le livre de Sogyal Rinpoché ne mentionne d'ailleurs aucune transmission religieuse, alors que la plupart des biographies et autobiographies de lamas tibétains sont composées pour l'essentiel de listes d'initiations reçues à tel et tel moment de la part de tel et tel maître[31]. Il faut donc considérer que Sogyal Rinpoché n'a bénéficié d'aucune instruction religieuse spécifique, qui en ferait un « lama » au sens propre, c'est-à-dire un religieux capable de transmettre à son tour savoirs, rituels et initiations tantriques[32]. Sogyal Rinpoché n'a par ailleurs hérité aucun patrimoine foncier ni aucune fonction religieuse, comme on aurait dû s'y attendre grâce à son statut de *tülku*. Il a simplement reçu une instruction religieuse de base de la part de son oncle, évoquée par touches impressionnistes et avec beaucoup de sentimentalisme dans *Le Livre tibétain de la vie et de la mort*[33].

---

31. Voir notamment Janet GYATSO, *Apparitions of the Self : The Secret Autobiography of a Tibetan Visionary. A Translation and Study of Jigme Lingpa's Dancing Moon in the Water and Dakki's Grand Secret Talk*, Princeton, Princeton University Press, 1998.
32. Des lamas et des enseignants bouddhistes occidentaux qui souhaitent garder l'anonymat affirment même que Sogyal Rinpoché est à peu près illettré.
33. Sogyal RINPOCHÉ, *Le Livre tibétain de la vie et de la mort*, Paris, Éditions de la Table ronde, 1992. Nouvelle édition revue et augmentée, Paris, LGF-Le Livre de Poche, 2005, p. 19-22.

Cette reconnaissance spirituelle par son père adoptif lui a en tout cas permis de se positionner comme enseignant bouddhiste sur le marché occidental des spiritualités alternatives. Il l'a fait, nous l'avons vu, au hasard des rencontres avec de petits groupes de hippies londoniens, qui facilitèrent son installation. C'est en sachant saisir une autre opportunité qu'il put par la suite acquérir une stature internationale. Pour devenir un « grand maître », il lui fallait en effet produire une nouvelle bible – car, en Occident, les réformateurs religieux et plus généralement les grands penseurs doivent produire une œuvre écrite pour se faire connaître et reconnaître. En 1983, Sogyal Rinpoché fut invité à participer à une conférence intitulée « Nouvelles perspectives sur la mort et le processus de la mort » (*New Perspectives on Death and Dying*), qui se tenait en Californie sous l'égide du Dr Elisabeth Kübler-Ross et du Pr Kenneth Ring, alors « pionniers dans le domaine des soins palliatifs et la recherche sur les expériences de mort imminente »[34]. Il produisit une forte impression sur Christine Longaker, alors directrice de l'hospice de Santa Cruz, dans la baie de San Francisco. Cette femme s'intéressait aux soins palliatifs et aux diverses approches de la mort proposées par les traditions spirituelles occidentales et orientales. Ses lectures l'amenèrent à consulter le *Livre des Morts Tibétain*, un ouvrage qui circulait beaucoup dans les milieux New Age. Elle fit part de ses découvertes à Sogyal Rinpoché, qui demanda à son équipe de faire des recherches sur cet ouvrage, de manière à en proposer une nouvelle lecture, directement axée sur les soins palliatifs.

---

34. Francerigpa.org.

Il y ajouta également des conseils de « méditation » (calme mental), des mantras à réciter, des explications sur les doctrines tibétaines relatives à la mort, des conseils de vie, des extraits autobiographiques, le tout agrémenté de citations de Montaigne, Blake, Rilke, Rumi, Ford, Balzac, Voltaire, Mozart, Shelley, Einstein, Bede, Wordsworth et des médecins rencontrés lors de la conférence de 1983. Ce livre est un ouvrage collectif auquel Sogyal Rinpoché a participé mais dont il n'est pas l'auteur, comme en témoigne la page de garde de l'ouvrage : « *Le Livre tibétain de la vie et de la mort*, Sogyal Rinpoché, Avant-propos de Sa Sainteté le dalaï-lama. Rédaction : Patrick Gaffney et Andrew Harvey. » Ces derniers sont des étudiants anglais de longue date de Sogyal Rinpoché, rencontrés peu de temps après son arrivée en Grande-Bretagne.

Ce livre se situe explicitement dans la lignée des versions successives de ce qui est sans doute le texte bouddhique le plus célèbre d'Occident, le *Livre des Morts Tibétain*[35]. Publié pour la première fois aux États-Unis en 1927, l'ouvrage a été vendu, depuis lors, à plus de un million d'exemplaires et a connu plusieurs renaissances successives dont l'une des plus récentes est *Le Livre tibétain de la vie et de la mort* de

---

35. Le titre complet est *The Tibetan Book of the Dead or The After-Death Experiences on the* Bardo *Plane, according to Lama Kazi Dawa-Samdup's English Rendering.* Le livre fut publié en français sous le titre *Bardo Thödol, Le livre des Morts Tibétain ou les expériences d'après la mort dans le plan du Bardo,* suivant la traduction anglaise du Lama Kazi Dawa Samdup éditée par le Dr W.Y. Evans-Wentz. Traduction française de Marguerite de La Fuente,précédée d'une préface de M. Jacques Bacot. Paris, Librairie d'Amérique et d'Orient (Adrien-Maisonneuve), 1933.

Sogyal Rinpoché[36]. La simplicité et l'évidence de ce titre – le *Livre des Morts Tibétain*, qui prenait d'ailleurs modèle sur le *Livre égyptien des morts* (1842) – cachent une réalité beaucoup moins évidente qu'il n'y paraît. Le *Livre des Morts Tibétain* n'est en effet pas vraiment un livre, ne parle pas exactement de la mort et n'est pas tout à fait tibétain. Il se fonde en réalité sur une collection de textes bouddhiques tibétains plutôt obscure, dont la composition exacte n'est pas connue. L'auteur du premier *Livre des Morts Tibétain*, Walter Yeeling Evans-Wentz (1878-1965), était un journaliste, anthropologue et théosophe américain qui s'intéressa au folklore littéraire celte avant de partir pour l'Inde et étudier auprès de divers gourous hindous. En 1919, il parvint à Darjeeling, poste militaire établi par les Anglais au siècle précédent. Une forte communauté tibétaine y était établie. Grand collectionneur de textes en langues qu'il était incapable de lire, Evans-Wentz acheta, peu de temps après son arrivée à Darjeeling, des textes tibétains au commandant Campbell, officier de l'armée britannique qui venait de rentrer du Tibet. Il amena ces textes à Gangtok, capitale du Sikkim, où se trouvait un lama professeur d'anglais, Kazi Dawa Samdup (1868-1922). Entre les mains des deux hommes, ces textes allaient devenir le *Tibetan Book of the Dead*. La sélection de textes que Kazi Dawa Samdup eut à traduire était composée de plusieurs *terma* (« trésors spirituels ») révélés par le visionnaire Karma Lingpa au XIVe siècle. Ils appartenaient aux

---

36. Voir Daniel S. Lopez Jr., *The Tibetan Books of the Dead, A Biography*, Princeton University Press, 2011, p. 3 et p. 150. Les paragraphes qui suivent résument les propos de Daniel S. Lopez.

cycles des *Déités paisibles et déités courroucées* et du *Grand Compatissant*. Karma Lingpa aurait également produit une synthèse de ses enseignements, intitulée *Instructions sur les Six Bardos*. Karma Lingpa mourut accidentellement et ce furent son père et son fils qui collectèrent et réorganisèrent ses différents écrits, la plupart liés aux rites mortuaires. Ils en firent un ensemble intitulé *Bardo Thödöl, Libération dans les états intermédiaires par l'audition*. Ces textes sont motivés par la croyance en la possibilité, pour les défunts, d'entendre et de suivre les instructions données par un lama sur leur évolution *post mortem*. Les indications sur le voyage à parcourir découlent de la vision indienne de la mort et de la renaissance. Le Tibet a en effet hérité du bouddhisme indien une conception élaborée de la physiologie humaine : le corps y est décrit comme composé de 72 000 canaux, à travers lesquels coulent des énergies subtiles appelées « vents » (*lung* en tibétain, *prana* en sanscrit). Ces vents rendent possibles les fonctions organiques et sont également liés au processus de libération (éveil), puisqu'ils transportent aussi la conscience. Le processus de mort est décrit comme un retrait progressif des vents porteurs de conscience hors des canaux, en huit dissolutions successives, dont la dernière provoque diverses apparitions lumineuses, appelées « claire lumière ». Si elle ne reconnaît pas la nature véritable de cette « claire lumière » (vacuité ou manifestation de l'esprit suivant les écoles), la conscience doit renaître dans un autre corps. La renaissance peut se faire dans différents univers (comme dieu, humain, fantôme, animal, créature infernale) en fonction de l'endroit du corps par lequel s'échappe la conscience (respectivement nombril, œil, bouche, urètre, anus). Entre le temps de la mort et celui de la renaissance, existe une zone intermédiaire appelée, en tibétain, *bardo* (littéralement : « entre-deux »), dans laquelle différentes visions et transformations se produisent. À chaque *bardo*, la conscience peut se libérer du processus de renaissance et atteindre ainsi la libération du *samsara*. Cette libération se fait soit à l'aide de sa pratique antérieure de *yoga*, soit à l'aide des instructions récitées auprès du corps par un lama. Ces instructions indiquent les pièges à éviter, identifient les divinités qui apparaissent, signalent l'arrivée de la claire lumière. Les textes du *Bardo Thödöl*, rassemblés par le père et le fils de Karma Lingpa, comprennent ainsi une description des trois bardos suivant la mort, au cours desquels des instructions d'ordre rituel sont délivrées (ce qu'il faut dire au mort, de quelle manière, à quel moment, avec quels gestes, pour que ce dernier s'oriente au mieux soit vers l'éveil, soit plus probablement vers sa future incarnation). Ce recueil fut remanié et réédité jusqu'au XVIIIe siècle pour former un système rituel cohérent remplissant plusieurs fonctions funéraires. C'est cette version qui fut traduite en anglais et commentée par Kazi Dawa Samdup et par Evans-Wentz, lequel composa une introduction entièrement théosophique dépassant en nombre de pages la longueur du texte « principal » lui-même. L'ouvrage, d'inspiration résolument conforme aux doctrines élaborées par Madame Blavatsky, devint plus tard un « classique » des spiritualités alternatives pour les hippies européens et américains. Nombre d'entre eux interprétèrent les différents bardos comme autant d' « états modifiés de conscience » liés à l'usage de drogues psychotropes. Le bouddhisme tibétain constituait ainsi, à ce moment de son acclimatation à la culture occidentale (avant de devenir une « science de l'esprit » testée en laboratoire), une ressource littéraire et rituelle pour les soixante-huitards souhaitant approfondir leurs expériences visionnaires liées à la drogue ou au contraire désirant en sortir. Nombreux étaient en effet à l'époque les jeunes gens qui, constatant les méfaits des drogues, envisageaient de se tourner vers le bouddhisme tibétain, le yoga ou la méditation transcendantale, avec lesquels ils espéraient parvenir aux mêmes effets en termes de « modification d'état de conscience ». La version proposée par Sogyal Rinpoché envisage de comparer la doctrine tibétaine des bardos, non plus les hallucinations provoquées par les substances psychotropes, mais avec les « expériences de mort imminente » répertoriées par le célèbre Dr Moody, l'un des participants au colloque de Californie. Ces expériences constituent d'ailleurs, du point de vue neuroscientifique, une altération de la conscience habituelle, produite par les modifications physiologiques importantes ayant engendré la mort clinique ou le coma avancé. Que le bouddhisme tibétain soit systématiquement associé, chez nous, aux phénomènes naturels ou « paranormaux » d'états modifiés de conscience témoigne de la persistance des préoccupations de l'ésotérisme occidental dans notre manière de considérer le bouddhisme. Il est donc peu surprenant que les lamas tibétains et enseignants bouddhistes de manière générale soient si souvent crédités de pouvoirs magiques en tout genre.

C'est en tout cas dans cette lignée que s'inscrit la réappropriation du *Livre des Morts Tibétain* par Sogyal Rinpoché. Son succès tient au fait qu'il a su saisir l'opportunité qui lui était offerte – par hasard, puisqu'il aurait pu ne pas être en Californie au moment de cette conférence sur la fin de vie – de reprendre à son compte, non pas un « classique de la spiritualité tibétaine » mais bien un classique de l'ésotérisme occidental. Pour séduire son public, il ne fallait donc pas se prévaloir d'une quelconque compétence religieuse reconnue par les Tibétains, selon des critères tibétains, mais bien offrir aux Occidentaux, dans un emballage renouvelé, un produit littéraire hybride – qu'ils connaissent déjà depuis longtemps et qui leur parle de phénomènes paranormaux sous un angle à la fois « scientifique » –, puisque l'on fait référence aux expériences réalisées par des médecins et des chercheurs occidentaux –, et exotique, puisque y sont présentées les doctrines tibétaines sur l'après-mort. C'est parce qu'il a su saisir cette opportunité commerciale, et parce que sa qualité de Tibétain suffit pratiquement à elle seule à lui conférer une légitimité aux yeux des lecteurs, que Sogyal Rinpoché est devenu un « grand maître » se distinguant du lot des lamas immigrés en Occident. Les revenus de la vente de ce livre, rapidement devenu un best-seller, ont permis à Sogyal Rinpoché (sans même qu'il ait à l'écrire lui-même) de se bâtir un empire commercial à échelle internationale.

Quant à sa proximité avec le dalaï-lama, quand bien même serait-elle réelle (au-delà des apparences médiatiques), elle n'offre aucune garantie en matière de légitimité ou de qualification religieuse. Le dalaï-lama, autorité spirituelle en tant qu'incarnation de la divinité Tchenrézig, bénéficie en effet d'une autorité limitée sur ce que font les lamas appartenant à d'autres lignées que la sienne. Il n'est d'ailleurs même pas à la tête de l'école Kagyu, à laquelle il appartient pourtant. Son autorité n'est donc pas celle d'un pape, et le fait qu'il s'affiche régulièrement avec tel ou tel enseignant bouddhiste ne vaut pas gage de légitimation au profit de ce dernier.

LE SANCTUAIRE DE L'ACTIVITÉ ÉVEILLÉE

Je n'ai pas pu assister, en août 2008, à l'événement majeur de la carrière de Sogyal Rinpoché. À Roqueredonde, dans la région Languedoc-Roussillon-Midi-Pyrénées, son centre de retraite international, baptisé Lerab Ling ou « sanctuaire de l'activité éveillée », accueillit des centaines de personnes venues fêter la visite du dalaï-lama et d'un certain nombre de personnalités influentes : Carla Bruni Sarkozy, le ministre des Affaires étrangères Bernard Kouchner, la secrétaire d'État aux droits de l'homme Rama Yade, l'ancien Premier ministre Alain Juppé, Line Renaud et bien d'autres encore. Sogyal Rinpoché avait en effet profité de la courte durée du séjour du dalaï-lama en France pour concilier deux événements et ainsi bénéficier pour lui-même d'une importante couverture médiatique : la bénédiction de son nouveau temple par le chef des Tibétains en exil et la volonté de certains membres de l'intelligentsia française de le rencontrer. Il fit donc se réunir tout ce beau monde dans son centre, devenant ainsi un ambassadeur à la légitimité incontestable. Face aux rumeurs, de nombreux disciples me dirent en effet par la suite, comme pour se rassurer : « S'il n'était vraiment qu'un vulgaire gourou de secte, le dalaï-lama et toutes ces personnalités ne seraient pas venus chez lui en grande pompe, de manière aussi officielle ! » Quoi qu'il en soit, cette consécration suprême fut largement couverte par la propagande Rigpa. Des éditions spéciales du magazine du groupe, *View*, furent tirées sur de l'épais papier glacé, des DVD et des vidéos en ligne furent réalisés à la gloire du maître et de son œuvre monumentale. Le centre de Lerab Ling (qui coûta 10 millions d'euros) y est en effet présenté comme un haut lieu consacré à la « science de l'esprit tibétaine » et à la « rencontre de l'Orient et de l'Occident ». De quoi s'agit-il exactement ?

Le sanctuaire de l'activité éveillée est avant tout une image, une vitrine. Les deux numéros que lui a consacrés le magazine *View* sont composés pour l'essentiel de photographies somptueuses, les textes étant avant tout des légendes. Ces images sont de deux ordres : elles montrent soit des images de bâtiments et de décorations (temple, extérieur et intérieur, statues, fresques, stupa, lac, statue de Padmasambhava), soit des images de personnalités importantes, la plupart du temps situées aux côtés de Sogyal Rinpoché. Les premières frappent tout d'abord par leur aspect artificiel. Elles montrent des œuvres architecturales et artistiques propres et reluisantes, symétriques, sans défaut, aux couleurs vives et à l'or étincelant. L'édition d'août 2008 notamment, présente en couverture une image du temple qui semble être la photographie d'une maquette : la lumière paraît celle d'un studio, tout est trop rangé et trop propre pour être vrai, et surtout, comme toutes les photographies de cette première catégorie, elle est vide de toute présence humaine. L'impression est celle d'une irréalité figée. Les magazines et les sites ne montrent jamais les pratiquants, retraitants et visiteurs au cours de la vie quotidienne au centre. S'ils apparaissent (très rarement), ce n'est qu'en une masse compacte et bigarrée, présentée entassée, sous le soleil, devant le temple de Lerab Ling. Il semble que l'intention des concepteurs de l'image officielle de Lerab Ling ait été de ne pas montrer le centre dans son mouvement quotidien et sa fonction d'accueil de la diversité (retraites courtes, retraites longues, visiteurs du dimanche), avec toute la disharmonie et le désordre que cela peut entraîner. On a préféré montrer le centre à l'état de projet, c'est-à-dire à l'état pur, encore préservé de tout contact humain, de toute réalité ou trivialité quotidiennes. Tout est étincelant, ordonné, net. La nature est quasi inexistante, bien que le centre ait été construit en pleine campagne, isolé à 850 mètres d'altitude. Cette impression de carton-pâte est contrebalancée par un excès de luxe : les statues, dont celle, colossale, du Bouddha situé dans le temple, les étagères des mille Bouddhas, les portes et les diverses fresques sont dorées à la feuille d'or, les couleurs des murs du temple et de l'autel sont criardes, l'intérieur du temple est surchargé de *tanghka*, les drapeaux de prière sont encore neufs... Le centre n'est pas sans rappeler les imitations chinoises d'objets de marques occidentales. La seconde catégorie d'images montre des individus en gros plan (visages souriants, poignées de mains à l'occidentale et accolades à la tibétaine, corps assis dans le cadre de cérémonies rituelles tibétaines ou de rencontres internationales occidentales), généralement situés dans le temple de Lerab Ling. Les personnages ainsi figurés sont toujours séparés du commun des visiteurs, qui n'apparaissent jamais. Figurent ainsi, en tout premier lieu, Sogyal Rinpoché, le « fondateur et directeur spirituel de Lerab Ling », le dalaï-lama, souvent montré bénissant ce dernier ou lui souriant, des lamas connus, des moines moins connus, la radieuse Carla Bruni Sarkozy et les autres invités illustres de la cérémonie de consécration d'août 2008. Une demi-page montre également Mary McAleese (alors présidente de la République d'Irlande), *Le Livre tibétain de la vie et de la mort* à la main, saluant Sogyal Rinpoché avec un grand sourire. Apparaissent enfin des scientifiques du Mind and Life Institute, tels Richard Davidson et Jon Kabat Zinn, toujours accompagnés du dalaï-lama. À titre secondaire figurent aussi les artisans népalais, bhoutanais et tibétains qui ont contribué à la décoration du temple, ainsi que quelques Occidentaux exerçant des responsabilités importantes dans les rencontres interreligieuses ou les forums « bouddhisme et médecine » organisés par Lerab Ling.

L'image évoque davantage l'hôtel international de luxe que le temple himalayen. C'est un endroit fréquenté par les grands de ce monde uniquement, où sont organisés des colloques à la pointe de la science, un lieu demeurant perpétuellement à l'état neuf, espace de potentialité pure dont on parle constamment sur le mode optatif et au temps futur : « Nous souhaitons que ce temple devienne un centre d'érudition et de contemplation qui jouera un rôle actif dans l'ensemble de la vie spirituelle et culturelle européenne, et qui explorera la façon dont les enseignements peuvent contribuer au bien-être de la société »[37]. Il s'agit également d'un lieu-projet, dont on annonce qu'il sera nécessairement « de grande envergure »[38], un lieu où se décideraient les « grandes orientations philosophiques, éthiques, médicales et spirituelles de l'avenir de l'humanité ». Enfin, et surtout, il s'agit d'un lieu intermédiaire, situé entre le « monde moderne occidental » et la « culture de sagesse tibétaine », qu'il permet de rejoindre et d'expérimenter. Bien que la vie quotidienne des retraitants n'y soit pas montrée, les publications officielles de Rigpa indiquent qu'il est en effet possible, et même souhaitable, d'y séjourner. Le commun du « monde moderne » peut ainsi avoir le privilège d'y mettre les pieds. Pour le concrétiser, il lui suffit de payer : plusieurs formules chiffrées s'offrent à lui (en moyenne 500 euros par semaine, contre une moyenne de 150 euros dans la plupart des autres centres de retraites bouddhiques tibétains). Une double métaphore est ici développée : le paradis-laboratoire. Lerab Ling se présente d'abord comme un paradis en raison de son isolement géographique et de son altitude qui le préservent, comme le Tibet, de la contamination par la modernité occidentale.

---

37. Déclaration de Sogyal Rinpoché mise en exergue à la page 31 du magazine *View* de décembre 2008. L'image qui l'accompagne montre un Sogyal Rinpoché se tenant droit dans sa robe, regardant haut et faisant un grand geste d'ouverture du bras droit, tel l'orateur romain. À ses côtés, assis en tailleur sur un trône surélevé, le dalaï-lama le regarde, les mains en prière.
38. *View*, août 2008, p. 12.

Le sanctuaire de l'activité éveillée

Ne filtrent de cette dernière que ses éléments prestigieux. La « beauté » et le « calme » de son environnement naturel sont également mis en avant par quelques rares images et un ou deux commentaires. Le ciel est toujours bleu, les personnalités souriantes et heureuses, bien habillées. On ne voit par exemple aucun campeur, alors que la tente constitue le logement majoritaire à Lerab Ling. L'éclat de l'or prédomine. Sogyal Rinpoché médite les yeux entrouverts sur la montagne, une silhouette en tailleur contemple l'horizon. L'espace qui entoure Lerab Ling est vaste et majestueux. Les drapeaux de prières colorés flottent fièrement au vent. Vus du sommet du temple, des êtres anonymes et nombreux, illuminés par le soleil, sont rassemblés comme un essaim sur la pelouse immaculée du centre. La statue de Padmasambhava, dorée, majestueuse, semble flotter sur le lac et protéger de son regard bienfaisant mais strict cet univers béni. Des haut-parleurs cachés à la surface du lac diffusent le mantra chanté de Padmasambhava. Le stupa d'un blanc pur, presque aveuglant, s'élève vers le ciel. Quelques moines tournent autour. On parle de compassion, de paix, d'Éveil. La nature est à deux pas. C'est l'endroit idéal pour « préserver les enseignements ».

Cette propagande n'est rien d'autre que la promotion d'une utopie. J'ai pu le découvrir en y effectuant une « retraite spirituelle » au mois d'août 2010, soit deux ans après la bénédiction du temple par le dalaï-lama. Pour se rendre à Lerab Ling, des covoiturages sont organisés à partir de Paris, et c'est par l'intermédiaire de la responsable du centre de Levallois-Perret que j'ai fait la connaissance de Thomas[39], étudiant

---

39. Les prénoms ont été modifiés.

de longue date, également « expert en investissement » au sein de la Tertön Sogyal Foundation. Thomas est venu me chercher en voiture à Levallois-Perret, tôt le matin. Après les présentations, nous sommes allés chercher un couple de ses amis, qui devait également partager la voiture : Stanislas, environ 40 ans, responsable d'une société d'événementiel, et sa compagne, Sophie, 15 ans de moins, travaillant dans l'immobilier. Le trajet jusqu'à Lerab Ling, long, fut entrecoupé de diverses pauses sur des aires d'autoroute. En voiture, il y eut quelques discussions sur les raisons qu'avaient eues les uns et les autres de partir en retraite, des anecdotes échangées entre les deux amis, quelques blagues et histoires drôles, en somme une atmosphère très conviviale. Thomas était particulièrement enthousiaste et connaissait le trajet par cœur : ces derniers temps, il s'y rendait tous les week-ends. Il me parla de sa dévotion pour Sogyal Rinpoché, de la manière dont il avait « ressenti une connexion » avec lui, de sa croyance en la réalité des divinités qu'il invoquait avant de prendre la route. Surprise de constater son adhésion à la cosmologie traditionnelle, je lui demandai s'il parlait de divinités au sens métaphorique. Il me répondit : « Mais non, elles existent réellement ! », et retourna à ses prières de protection. Il lisait les prières incluses dans le petit classeur Rigpa marron contenant les « pratiques » des étudiants avancés. Son Ipod, qu'il brancha sur le haut-parleur de la voiture, contenait de nombreux enregistrements de mantras et d'enseignements de Sogyal Rinpoché. Le voyage se transformait peu à peu en pèlerinage. À un moment donné, Stanislas se mit des bouchons d'oreille pour pouvoir dormir. Thomas m'expliqua

Le sanctuaire de l'activité éveillée

qu'il était venu au bouddhisme tibétain après le décès de son grand-père, qu'il dit avoir « guidé dans les bardos » grâce aux enseignements contenus dans *Le Livre tibétain de la vie et de la mort*. La manière paisible dont le grand-père était mort, et dont il avait vécu le décès, l'avait incité à poursuivre sur la voie du bouddhisme tibétain. Son ami Stanislas était un étudiant débutant de Levallois-Perret depuis déjà quelques années : il venait au centre de manière irrégulière et pratiquait chez lui la méditation de façon épisodique, ce qui lui apportait beaucoup de « paix intérieure ». Il avait entraîné pour le week-end sa compagne Sophie qui, elle, ne s'était jamais intéressée ni au bouddhisme, ni à la méditation, ni à la spiritualité mais se disait « ouverte » et désirait faire au moins une fois dans sa vie l'expérience d'une telle retraite. Elle me paraissait d'ailleurs aux antipodes de la pratiquante habituelle, étant extrêmement volubile, l'esprit occupé par son travail (elle passait des coups de téléphone en voiture à ses clients potentiels), cherchant à obtenir une grande réussite matérielle, fumant beaucoup, disant aimer boire et faire la fête. Assise à mes côtés à l'arrière de l'automobile, elle évita longtemps mon regard et, sous couvert d'une jovialité excessive, paraissait plutôt mal à l'aise. Ce fut surtout Thomas qui conduisit, relayé quelquefois par Stanislas. Ni Sophie ni moi ne conduisions. Ils furent plutôt rapides, mais très prudents sur les routes de montagne quelque peu escarpées. À la fin du trajet, nous avions tous sympathisé, et Sophie me regardait enfin dans les yeux lorsqu'elle m'adressait quelquefois la parole.

Nous sommes arrivés le soir vers 21 heures. Il faisait déjà très froid, et malgré les conseils prodigués par le site

Internet de Lerab Ling, je n'avais pas pris suffisamment de vêtements chauds. La perspective de dormir sous la tente me parut inhumaine. Thomas, muni d'un léger sac à dos, avait déjà rejoint sa tente, nous jetant la clé de la voiture d'un air heureux et désinvolte. Il nous laissa nous débrouiller avec nos logements respectifs. En proie à l'inquiétude, je demandai à Stanislas s'il ne restait pas par hasard une place disponible dans leur logement. Ils dormaient chez l'habitant, à 15 minutes en voiture environ, chez une dénommée Stella, qu'ils connaissaient depuis quelques années. Il lui téléphona et me confirma qu'un lit était vacant. Ce fut pour moi un grand soulagement. Le climat autour de Lerab Ling était réellement comme l'avaient annoncé les instructions de voyage publiées sur le site Comme au Tibet, extrêmement rigoureux, même l'été. Nous partîmes donc chez Stella avec la voiture de Thomas. Ce dernier, se sentant peut-être libéré du regard de son studieux ami, fonça sur les petites routes de montagne en fumant une cigarette. Nous arrivâmes ainsi plus vite que prévu chez Stella. C'était un pavillon de taille moyenne relativement récent dans un petit hameau, entouré d'un morceau de jardin. L'intérieur était très modeste et très propre. Stella, petite femme maigrichonne aux cheveux teints en noir et attachés en une pauvre queue-de-cheval, était une veuve italienne à qui l'on aurait donné facilement 55 ans, mais qui devait en avoir 10 de moins. Son mari, un ouvrier italien immigré, était mort depuis plusieurs années, et elle s'était retrouvée là, dans ce hameau perdu, avec son plus jeune fils, âgé d'une dizaine d'années et que l'on aurait facilement pris pour son petit-fils. Elle vivait de ménages, de l'aide de son fils aîné et de la location de chambres aux retraitants de Lerab Ling. La peau de son visage était sèche et ridée, sa voix constamment enrouée. Elle devait presque crier pour se faire entendre, ce qui mettait tout le monde mal à l'aise. Elle parlait en outre avec un fort accent italien, vouvoyant les bourgeois parisiens que nous étions avec un respect exagéré. Stella, qui n'était pas loin, dans ses rapports avec nous, d'une figure de servante, faisait également office de mère, offrant soutien et réconfort aux départs et retours de retraite. Elle était attentive à nos repas, garnissait le matin nos poches de biscuits et de bonbons pour tenir la journée, s'inquiétait avec bienveillance de notre sommeil, de notre confort physique, posait des questions sur nos expériences de la journée, faisant généralement en sorte de rendre notre séjour agréable.

L'entrée sur la propriété de Lerab Ling se fait nécessairement par l'arrivée au parking. Outre sa voiture, il faut y laisser un certain nombre de comportements explicitement prohibés dans les notices envoyées au moment de l'inscription et rappelées sur l'écriteau d'entrée : boire de l'alcool, fumer, utiliser son téléphone portable, parler sans discrimination ou à voix forte. Le parking est un lieu de transition entre le monde extérieur et le centre de retraite : les frontières y sont encore floues et les consignes ne sont réellement appliquées qu'une fois cet espace dépassé. Le parking fonctionne comme la dernière parcelle de monde profane dans laquelle il est encore permis de se livrer à ces comportements mondains. En se dirigeant sur le chemin qui mène au centre, le visiteur doit s'arrêter au baraquement dédié à « l'accueil des visiteurs ». Il y trouve un grand panneau avec le plan du centre et les consignes. S'il a déjà réglé entièrement ses frais de retraite, il y recevra son badge de la part d'un étudiant Rigpa chargé de l'accueil, s'il n'a pas encore réglé, il devra s'en acquitter sur le champ. Le badge doit être porté autour du cou. Il indique le prénom, le nom et la retraite suivie (par exemple, « méditation »). Un code couleurs permet souvent de distinguer entre les différentes retraites. Les touristes du dimanche doivent également régler leurs frais de visite. Les membres de la famille qui ne participent pas aux retraites doivent rester à l'entrée. Il est interdit d'entrer dans Lerab Ling si l'on n'est pas enregistré et si l'on n'a pas payé sa place. Des permissions spéciales ou des entrées subreptices restent néanmoins possibles, mais rares. Le visiteur s'avance ensuite en direction du temple. Le chemin s'ouvre avec un grand portique coloré portant une inscription tibétaine, puis longe une rangée de petits immeubles situés sur la gauche. Ils sont destinés au logement des personnes résidant au centre de manière permanente, ou à ceux qui, financièrement, ont pu se permettre d'y demeurer pour leur retraite. Le temple apparaît alors au fond de la vallée, majestueux, splendide, comme un bijou dans son écrin. Souvent, les retraitants s'y amassent en pressant le pas, manifestement pleins d'attentes et de curiosité. Les visages se sourient volontiers, l'enthousiasme est contagieux. Devant le temple, sur la gauche de la pelouse, se dresse un stand où l'on peut se procurer du thé, du café et des viennoiseries pour quelques euros. Il est tenu par un étudiant bénévole. On peut également y trouver des thermos et tasses en métal blanc, de différents formats, qui permettent d'emporter sa boisson chaude dans le temple, et différents objets où figurent lotus ou inscriptions « Osez la méditation ».

À l'entrée dans le temple, les impressions varient : certains sont sous le charme de l'imposante et somptueuse décoration, d'autres en revanche se disent « gênés par tout ce folklore », certains enfin sont frappés par son aspect flambant neuf. Certains se disent immédiatement conquis par « l'harmonie, la paix et le silence du lieu ». Au centre de l'attention se trouve l'autel, avec, sur le trône, la photographie encadrée de Sogyal Rinpoché ou du dalaï-lama, au pied de l'impressionnante statue de Bouddha dorée à la feuille. À sa droite, se trouve une statue de taille moyenne représentant Padmasambhava, et à gauche Tchenrézig, bouddha de la compassion. Toutes deux sont également dorées à la feuille et étincelantes. Symétriquement à droite et à gauche se trouvent deux autels à étagères contenant au total mille statuettes dorées de Bouddha, étincelantes. Dans l'autel de gauche se trouvent également deux statues identiques, représentant, à gauche, le Bouddha du passé, à droite, le Bouddha du futur. Ces noms et explications sont donnés à tous les visiteurs, qu'il s'agisse de touristes ou de retraitants. Les présentateurs (instructeurs ou étudiants avancés) insistent sur l'idée que « ce ne sont pas des divinités, mais des représentations de la nature de l'esprit ». Ces statues représenteraient notre « sagesse intérieure ». La façade située derrière la grande statue du Bouddha est d'un bleu profond, à la fois lumineux et apaisant, variant entre turquoise, indigo et bleu nuit en fonction de l'éclairage de la salle. Cette vision est à la fois éblouissante et reposante.

Les écrans, nombreux, que l'on trouve disposés à plusieurs endroits de chaque rangée, diffusent l'image immobile de la statue « elle me ressemble » de Padmasambhava, l'un des emblèmes Rigpa déjà bien connu de l'étudiant. Se trouvent également plusieurs platines électroniques pour les interprètes, qui traduisent les enseignements en plusieurs langues (français, anglais, allemand, néerlandais, italien). Des casques sont disponibles pour ceux qui souhaitent en profiter. Chacun prend place, sur un coussin ou sur une chaise, en fonction de son état de souplesse et de sa volonté de se plier aux coutumes asiatiques.

Outre le changement de décor, il n'y a aucune différence entre les « enseignements » proposés lors de cette retraite et ceux auxquels j'avais eu droit lors des cours de méditation au centre de Lerab Ling. Comme à Levallois-Perret, la « retraite de méditation avec Sogyal Rinpoché » se fait en effet pour l'essentiel *sans* Sogyal Rinpoché. Les instructeurs diffusent les mêmes vidéos du maître, enseignent aux participants une nouvelle manière de parler de soi et « des maîtres », pratiquent avec eux la contemplation de l'idole. Les séances de « travail sur soi » en commun se poursuivent, et les manifestations émotionnelles ne sont pas rares. On y laisse volontiers plus libre cours que lors des cours hebdomadaires à Paris. L'effet vacances, sans doute. Certains se mettent à pleurer, font part de leur sentiment « que Sogyal Rinpoché [leur] avait parlé directement », évoquent une sensation de bien-être, d'harmonie, etc. Les différentes afflictions sont tout d'abord évoquées dans la (relative) intimité des petits groupes avant d'être reformulées et redéfinies dans le langage Rigpa par les

Le sanctuaire de l'activité éveillée

instructeurs qui en font la collecte, et sont enfin partagées devant l'assemblée tout entière, assorties d'une proposition de remède nouveau : méditation du calme mental, évocation mentale d'une image paisible, recours à une prière personnelle, invocation de Gourou Rinpoché, dont on apprend le mantra et qui apparaît dès lors, dans cette situation, comme un saint guérisseur. Pendant les pauses, les retraitants font le tour du stupa à l'imitation des étudiants les plus avancés, qui eux récitent en marchant leurs mantras. Cela leur permet d' « accumuler des mérites ». On peut aussi, si le temps le permet, se reposer sur la pelouse, ou bien marcher dans le bois adjacent. C'est aussi l'occasion d'admirer le temple, le lac de Padmasambhava, les statues de *dakinis* situées un peu plus en hauteur, le paysage alentour. Il est également possible de faire une donation : à l'entrée du temple, une boîte rouge mise en hauteur est installée à cet effet. Le déjeuner se passe dans le réfectoire (ancienne bergerie), qui se trouve en hauteur et auquel on accède par un petit escalier aménagé sur un chemin de terre. Les repas sont exclusivement végétariens : on y trouve une importante variété de plats de légumes cuits, de riz et de lentilles, de salade et de fruits frais. Il s'agit d'un self-service surveillé par ceux des étudiants qui ont choisi cette activité comme *rota* (« tâche quotidienne »). Ils vérifient que les personnes sont bien pourvues d'un badge indiquant qu'elles ont payé pour leurs repas et veillent au bon déroulement de ces derniers. Il faut d'abord faire la queue assez longtemps, prendre une écuelle-plateau de forme circulaire, en métal, souvent pleine de la graisse mal lavée d'une ration précédente. Puis l'on se sert, et l'on essaie de se trouver une place sur l'une des longues tables blanches d'allure forestière mises à la disposition des retraitants. L'eau est servie dans des cruches en verre trempé qui rappellent les cantines scolaires. Les repas sont un moment de repos et de convivialité où les participants retombent presque dans un comportement « ordinaire », c'est-à-dire qu'ils sont moins guindés. On y échange souvent ses impressions sur la retraite et les bénéfices que l'on espère en retirer. Il s'agit en fait, ni plus ni moins, d'une véritable colonie de vacances, où les activités organisées ne sont pas, comme pour les enfants, des jeux en plein air, mais des séances de discussions collectives destinées à réconforter des citadins fatigués et souvent esseulés. La « science de l'esprit » perd soudain de son lustre.

LA SCIENCE TIBÉTAINE DE L'ESPRIT

Au premier étage du temple de Lerab Ling se trouvent deux autres pièces appelées « petits temples ». On y trouve également une boutique et une bibliothèque comprenant des textes tibétains. Décorés de la même manière que celui du rez-de-chaussée, les petits temples sont consacrés aux pratiques tantriques des étudiants inscrits dans les « Mandalas Ngöndro » et « Dzogchen », étapes supérieures et élitistes du parcours proposées par Rigpa. Dans ces groupes, une minorité de disciples triés sur le volet y apprennent « la science de l'esprit tibétaine », celle-là même que Matthieu Ricard et ses collègues étudient en laboratoire pour en identifier les bienfaits en termes cognitifs et émotionnels. En quoi consiste-t-elle ? Pour le découvrir, je me suis insérée quelque temps dans le « Mandala Ngöndro »[40].

---

40. Le *ngöndro* (« préliminaire ») est une série de quatre pratiques rituelles que chaque aspirant au bouddhisme tantrique doit accomplir chacune 100 000 fois : prosternations et récitation de la prise de refuge, pratique liturgique de Vajrasattva, rituel d'offrande du mandala aux trois corps du Bouddha, pratique liturgique du gourou yoga.

Les cours proposés à ce niveau supérieur suivent la même forme qu'à l'étape « méditation » : des instructeurs enseignent vaguement quelques notions bouddhiques et laissent surtout la parole au maître, présent sous forme de vidéos. Ces dernières développent des thèmes plus traditionnels et renvoient à des ouvrages tibétains que les participants sont appelés à se procurer : un guide pour la pratique rituelle, rédigé à la fin du XIXe siècle par le lama tibétain Patrul Rinpoché[41], et le volumineux texte liturgique intitulé *Longchen Nyingtik*, dont le nom signifie « la Sphère du cœur du vaste espace » ou « l'Essence du cœur de l'immensité ». Ce texte, missel tibétain extrêmement détaillé devant servir de support pratique à la mirifique « science de l'esprit », date du XVIIIe siècle. Le *Longchen Nyingtik*, que j'ai reçu dans une traduction française assortie d'une translittération du tibétain, se compose de deux parties consacrées respectivement aux « préliminaires extérieurs et intérieurs »[42].

La première partie, relativement courte, est elle-même divisée en quatre sections : 1° Une prière de « bénédiction de la parole » destinée à purifier les mots qui seront récités par la suite ; 2° Une prière d' « invocation au lama » implorant la protection du maître (c'est-à-dire du Bouddha et de

---

41. Patrul Rinpoché, *Le Chemin de la grande perfection*, trad. fr. par le Comité de traduction Padmakara, Editions Padmakara, 1997.
42. Il existe deux types de préliminaires : les premiers, de nature doctrinale, sont généralement appelés « préliminaires communs ou extérieurs » ; les seconds, nommés « préliminaires extraordinaires ou intérieurs », consistent dans les quatre pratiques liturgiques. Les préliminaires extérieurs consistent en une méditation métaphysique sur plusieurs points de doctrine traditionnels : impermanence, maux du *samsara*, causalité des actes, bienfaits de la délivrance, manière de suivre un maître.

son incarnation sous la forme du lama principal) ; 3° Une version courte, selon Shantidéva, des « Quatre pensées qui détournent du Samsara » (« la Naissance Humaine Libre et Pleine de Dons », « l'Impermanence », « le karma : les Causes et les Effets », « les Souffrances du Samsara ») ; 4° L'invocation de la protection du lama pour invoquer sa protection, intitulée en français « Chant de Renonciation ».

La seconde partie du texte comprend les quatre liturgies des « préliminaires intérieurs » : prise de refuge, développement de l'esprit d'éveil, purification de Vajrasattva, offrande du mandala aux Trois Kayas (corps de bouddha), gourou yoga, auxquels s'ajoutent, pour conclure, diverses prières (prière de la lignée, prière d'aspiration pour cette vie, prière pour le bardo, prière d'accomplissement, réception des Quatre Transmissions de Pouvoir, prière spéciale d'aspiration).

Chaque section commence par une injonction à visualiser un *mandala* (« univers ») particulier. Les visualisations sont décrites sur une ou deux pages traduites en français. Pour la première pratique préliminaire, dite « prise de refuge », le pratiquant doit transformer mentalement le lieu où il se trouve en *mandala* de son lama-racine, qui personnifie tous les bouddhas, sous la forme particulière d'Orgyen Dordjé Chang, l'une des manifestations de Padmasambhava, en union à sa parèdre, Yéshé Tsogyal. L'image à visualiser est celle de « l'arbre du refuge », arbre représentant la hiérarchie des bouddhas et comprenant, en son centre, la divinité concernée par le rituel, en l'occurrence Orgyen Dordjé Chang et sa parèdre. Le pratiquant doit visualiser le couple et l'arbre en détail, en fonction des précisions fournies par le texte, qui indique la

La science tibétaine de l'esprit

manière dont ils se tiennent, les vêtements, bijoux et attributs qu'ils portent, la couleur de leur peau, les syllabes sacrées et les mantras qu'ils prononcent et qui se matérialisent dans l'air, etc. Il doit, en outre, ajouter à cette image tous les êtres vivants de tous les univers. Il doit les visualiser et ressentir leur présence en même temps qu'il contemple l'arbre du refuge et effectue des prosternations sur le sol. Pour la pratique de « développement de la *bodhicitta* », le pratiquant doit imaginer et ressentir que tous les êtres qui remplissent l'espace, amis ou ennemis, ont été, dans une vie ou une autre, ses parents bienveillants. Lorsqu'ils sont présents face à lui, il doit leur manifester amour, compassion et joie, faisant le vœu de se consacrer pour eux (et non pour lui-même) à la poursuite de l'éveil. S'agissant de la deuxième pratique préliminaire, la liturgie de Vajrasattva, le texte indique que le pratiquant doit se visualiser lui-même sous sa forme ordinaire, avec, au-dessus de sa tête, un lotus blanc à huit pétales dont le tronc large de quatre travers de doigts s'enfonce dans sa fontanelle. Au centre du lotus, se trouve un disque blanc brillant de pleine lune. Sur celui-ci, se trouve la syllabe « HUM », également blanche. Cette dernière se transforme en Vajrasattva, divinité au corps blanc lumineux, rayonnant de lumières, souriant, et disposant des marques majeures et mineures des bouddhas[43]. Il est paré de cinq vêtures de soie (haut de soie blanche, bas de couleurs variées, un foulard de

---

43. Notamment : pieds et mains marquées d'une roue, longs doigts, larges talons, grande taille et corps droit, peau ferme et douce, longues et belles mains, sexe caché dans une gaine, peau de couleur dorée, protubérance au sommet de la tête, langue longue et mince, cils comme ceux d'une génisse.

soie bleue qui flotte derrière sa nuque, manches volantes) et de huit ornements précieux (diadème, boucles d'oreilles, collier court, bracelets aux mains et aux pieds, ceinture, grand collier descendant en dessous du nombril, collier court descendant sur la poitrine). De la main droite, il tient un sceptre (*vajra*) au niveau du cœur. De la gauche, il tient une clochette contre sa hanche. Il est uni à son épouse, la blanche Dordjé Nyéma, qui tient une lame courte et une coupe crânienne. Tous deux ont les jambes croisées en posture de lotus. La visualisation évolue à partir de ce premier tableau intérieur, à mesure que progresse la liturgie. Pour ce qui est de la troisième pratique préliminaire, « l'offrande du *mandala* aux trois corps de bouddha », le pratiquant doit visualiser clairement dans le ciel devant lui « l'arbre du refuge » propre à la lignée des maîtres du *Longchen Nyingtik*. Le texte indique qu'il s'agit ensuite de prendre un plateau propre et précieux, de l'asperger d'eau pure et parfumée et d'y déposer 37 tas de fleurs (ou de les visualiser si l'on ne dispose pas d'assez de temps). La manière dont il convient de disposer les petits tas de fleurs (ou de riz) n'est pas indiquée dans le texte. Ce plateau d'offrande symbolise, énonce le texte, le *nirmanakaya* (corps de manifestation des bouddhas) constitué de 100 millions de mondes de 3 000 univers chacun, avec les quatre continents, le Mont Meru, les demeures divines remplies de toutes les richesses de l'univers, ses habitants et plus particulièrement le pratiquant lui-même, composé de ses corps, biens et mérites accumulés. Puis, dans l'espace au-dessus, se lèvent des nuées d'offrandes en quantité infinie, symbolisant le corps extraordinaire du *sambhogakaya* (corps de jouissance). Encore au-dessus, s'élève le *dharmakaya* (corps absolu, métaphysique), claire lumière, ou *rigpa*. Une fois constitués les trois étages physiques et méta-physiques du *mandala* (à l'aide de plateaux superposés et de visualisations), le pratiquant doit les offrir mentalement aux trois corps de *bouddha* et prier pour leur purification. S'agissant de la liturgie du gourou yoga, dernière pratique préliminaire avant de pouvoir passer aux rituels avancés du tantrisme, le pratiquant doit d'abord visualiser l'arbre de refuge, puis imaginer qu'il dissout sa vision ordinaire pour envisager ses propres perceptions comme un « champ pur », spontanément surgi de lui-même (image comparable à un rêve ou à une illusion). En surgit un royaume avec, au centre, un palais appelé « Lumière du Lotus ». À l'intérieur de ce palais se trouve le pratiquant, sous la forme de la déité féminine Vajrayogini, de couleur rouge, tenant un couperet dans la main droite et une coupe crânienne emplie de sang dans la main gauche. Il doit imaginer qu'il ou elle se tient debout sur un lotus, un soleil et un cadavre. Sa jambe droite est tendue, la gauche légèrement pliée, dans la posture de l'athlète. Elle est parée d'ornements en soie et en os, ses yeux sont remplis de dévotion et tendus avec empressement vers le cœur de son maître. Au sommet de sa tête, dans le ciel face à elle, sur un lotus multicolore à 100 pétales, au centre de disques de lune et de soleil, siège le maître racine du pratiquant, personnification de tous les objets de refuge, sous la forme d'Orgyen Tsokyé Dordjé, blanc teinté de vermeil, dans l'apparence d'un enfant de 8 ans. Ses deux yeux ont un regard ouvert et intense, son corps est vêtu d'un justaucorps blanc de Vajrasattva, recouvert successivement par une robe rouge, une tunique bleu foncé, des robes rouges avec des dessins de fleurs d'or et une cape de soie rouge sombre. Il a un visage et deux mains. De la droite, il tient un sceptre à cinq pointes dressé devant son cœur, de la gauche, il porte une coupe crânienne au milieu de laquelle se trouve l'aiguière de longue vie remplie de l'ambroisie de l'immortalité. Il porte la coiffe du lotus à cinq pétales. Son expression est souriante, mêlée de courroux. Autour de lui se déploie une tente d'arcs-en-ciel. Il se situe au centre d'une assemblée prestigieuse : les 8 Vidyadharas[44] de l'Inde, les 84 Mahasiddhas[45], les 25 disciples et grands accomplis du Tibet, un nombre infini de *yidam* paisibles et courroucés, les *daka* et *dakinis*, les *dharmapala*, les déités des richesses, les maîtres des *terma* (« trésors spirituels »)[46].

Ces visualisations extrêmement complexes ont pour but de conformer et de fixer l'univers mental du pratiquant, de manière à focaliser son attention sur le type d'affects (dévotion, compassion, don de soi), de paroles (invocations, prières, confessions, mantras) et de gestes (prosternations,

---

44. « Porteurs de connaissance » en sanscrit. Le terme désigne des êtres ayant une apparence humaine mais dotés de pouvoirs magiques, comme le fait de voler dans les airs.

45. « Grands adeptes », êtres ayant porté toutes les qualités et tous les pouvoirs à leur perfection.

46. *Yidam* : déité d'élection dans le bouddhisme tantrique indo-tibétain. *Dharmapala* : « protecteurs du dharma », « gardiens des enseignements », nom générique désignant les déités qui assument la tâche de protéger les enseignements et les pratiquants dans le bouddhisme tantrique. *Terma* : du tibétain *gter ma,* « trésors cachés « ou « textes trésors ». Il s'agit d'objets sacrés - manuscrits, reliques, statues, instruments rituels – datant d'époques antérieures et retrouvés cachés dans des grottes, dans des montagnes ou dans des lacs, par des religieux visionnaires.

La science tibétaine de l'esprit

offrandes, *mudra*) à produire. Elles sont aussi un jeu codifié de l'esprit permettant au pratiquant de réaliser la vacuité ultime des phénomènes. En effet, la dissolution finale de sa visualisation est traditionnellement assimilée à la doctrine de la vacuité ultime des phénomènes : apprendre à contrôler ses visualisations, c'est ainsi, pour le pratiquant, s'entraîner à maîtriser les processus d'éveil.

Ces visualisations sont toujours suivies de la récitation du texte liturgique, comprenant descriptions de la divinité, confessions, invocations, prières et *mantra*. Sa récitation s'accompagne souvent de gestes des mains et des doigts (appelés *mudra*), ou du corps (prosternations). La pratique préliminaire la plus riche du point de vue gestuel est la pratique d'offrande du *mandala*. Il s'agit d'un rituel complexe d'offrandes aux trois corps du bouddha faisant intervenir des offrandes physiques (notamment du riz cru) qu'il s'agit de disposer sur un plat à trois étages suivant une disposition codifiée qui vise à reproduire la représentation traditionnelle de l'univers (*mandala*), que l'on offre ainsi au bouddha pour symboliser le don de soi aux enseignements. La récitation du texte liturgique entraîne également la production de certaines pensées et affects, tels, dans Vajrasattva, le regret profond d'avoir commis des actes négatifs dans le passé et la résolution de ne plus jamais en commettre. Un « antidote » au mal est imaginé à partir de la visualisation initiale. Le pratiquant doit visualiser, dans le cœur de la déité, au centre d'un disque blanc de lune, la syllabe « HUM » entourée par un rosaire blanc composé des lettres du mantra de 100 syllabes (l'invocation de la divinité Vajrasattva). Ces lettres assemblées en chapelet tournent autour de la syllabe dans le sens des aiguilles d'une montre. Une fois que la visualisation est en place, le pratiquant récite ces 100 syllabes, dont il s'écoule un inépuisable flot d'ambroisie blanche, lui apportant une immense félicité. La vision rayonne de lumière. L'ambroisie s'écoule dans les corps de l'époux et de l'épouse avant de sourdre par le point de leur union, pour se répandre en enveloppant la tige du lotus et pénétrer le pratiquant par le sommet de son crâne. C'est alors que commence « l'accumulation » du mantra de Vajrasattva.

Le mantra principal de chaque pratique préliminaire est répété (« accumulé ») autant de fois que possible à la fin de la liturgie, sous sa forme condensée, qui représente, en même temps qu'elle l'invoque, la divinité elle-même. Par exemple, le mantra de 100 syllabes de Vajrasattva se résume en *Om Vajra Sattva Hum*. De même, la prière en sept lignes de Padmasambhava, utilisée dans le gourou yoga, se résume en *Om Ah Hum Vajra Guru Padma Siddhi Hum*. Ces mantras en sanscrit doivent par ailleurs être prononcés à la tibétaine : *Om Benza Satto Hung* et *Om Ah Hung Benza Guru Pema Siddhi Hung*. La répétition du mantra-racine constitue le point culminant de la pratique liturgique. Elle doit être effectuée en conservant à l'esprit la visualisation installée au départ. Celle-ci évolue cependant avec la répétition du mantra-racine. Dans le cas de Vajrasattva, par exemple, le pratiquant doit visualiser que la divinité le purifie à l'aide d'une substance liquide blanche qui coule de son corps pour descendre dans celui du pratiquant, qui voit toutes ses négativités karmiques et physiques s'évacuer sous forme d'excréments, de pus, de serpents, de crapauds, etc., par le bas de son corps. Puis, une fois la récitation terminée, la visualisation consiste à se figurer la divinité fusionnant avec les mantras récités, jusqu'à disparaître en lumière. Le pratiquant demeure ainsi dans la contemplation de la divinité sous sa forme « absolue », c'est-à-dire vide, lumineuse, dépourvue d'identité permanente (suivant le principe de la vacuité des phénomènes et de l'absence de soi propres au bouddhisme). Il s'agit alors de la « phase d'achèvement » ou de « dissolution » de la pratique (*dzogrim*). La phase antérieure, au cours de laquelle la divinité était produite en esprit, invoquée et amenée à exercer sur le pratiquant une action bienfaisante est quant à elle appelée « phase de développement » (*kyérim*). Le texte du *Longchen Nyingtik* se termine par une prière de dédicace et une « prière spéciale d'aspiration », de manière à réitérer son intention d'effectuer la pratique rituelle pour le bien de tous les êtres vivants. On finit généralement par la triple récitation d'une prière de longue vie à son maître et, éventuellement, au dalaï-lama.

Les membres de l'association apprennent ce savoir-faire rituel, extrêmement compliqué, en étudiant les deux textes recommandés par les instructeurs et en imitant ces derniers, qui leur montrent comment effectuer les prosternations, les offrandes et les gestes des mains. La manière de réaliser les prosternations, notamment, fait l'objet d'un enseignement assez développé. Les étudiants sont en général très intrigués par cette pratique qu'ils associent plus volontiers à l'islam et à la soumission. Les instructeurs leur expliquent qu'il s'agit avant tout de « lutter contre son ego » et de « se prosterner devant sa propre nature de Bouddha ». Il n'en reste pas moins que les prosternations sont faites devant le maître ou devant son effigie (photographie ou vidéo) et qu'il est nécessaire pour les effectuer de se plier à un certain nombre de règles. Le principe général est d'avoir cinq points d'appui au sol : genoux, mains et front. Deux « techniques » sont enseignées. La plus simple consiste à se tenir debout, mains jointes au niveau du cœur, les pouces rentrés, à venir poser successivement ses mains, tenues dans la même position, sur le haut de la tête (en disant *Om*), sur la bouche (en disant *Ah*) et sur le cœur (en disant *Hung*), puis à se baisser pour se laisser délicatement tomber à genoux en posant les mains et le front sur le sol, avant de se relever et de recommencer au moins deux fois. La seconde méthode est de pratiquer la prosternation traditionnelle complète, qui diffère de la précédente par le fait de s'allonger à plat ventre, en allongeant les mains en prière devant soi sur le sol. Il faut environ une minute pour effectuer sept prosternations. Certains étudiants, à qui j'objectais que cette pratique n'était tout de même pas très « moderne » ni « scientifique », se défendirent en disant qu'il s'agissait après tout d'une forme de « sport » permettant d'associer le corps à la pratique mentale de la méditation. Cette pratique physique, loin d'être un vestige de l'obscurantisme religieux qu'ils condamnent quand il s'agit d'autres personnes, d'autres groupes et d'autres religions, leur permettrait de combattre le stress, la fatigue et l'insomnie, prouvant ainsi « le sens pratique des Tibétains ». Telle est donc la « science de l'esprit » dont « les plus grands scientifiques » reconnaissent les bienfaits.

Servir le maître

Lors de mon séjour au sanctuaire de l'activité éveillée, j'ai remarqué qu'il existait sur les hauteurs du centre un espace protégé d'une clôture. Un panneau bien visible en interdit l'accès. Les retraitants qui le rencontrent au cours de leur promenade en sont quelquefois déconcertés, ne sachant pas ce que renferme ce lieu. S'ils posent la question aux responsables, ils apprendront qu'il s'agit là du « chalet » de Sogyal Rinpoché, qui doit rester préservé du public. Le chalet comprend le logement personnel et les bureaux du maître, ainsi que des chambres réservées à sa mère, à sa tante et à son fils, Yéshé. À proximité se trouvent une autre maisonnette réservée aux lamas invités, un jardin et une piscine. Seuls ses collaborateurs et ses disciples les plus proches ont accès à cet espace privé. Les autres sont invités à tourner autour en récitant mantras et prières, en raison – explique-t-on pour éviter toute confusion avec un éventuel culte de la personnalité – des reliques exceptionnelles que contient le bureau du maître. Plusieurs anciens membres de ce cercle intime ont quitté le groupe en dénonçant le mode de fonctionnement et les activités de ce qu'ils nomment, selon les termes mêmes du groupe, « le mandala secret ». Ce dernier serait non seulement composé des instructeurs les plus expérimentés et des étudiants les plus serviables, mais également de jeunes femmes, recrutées parmi les étudiantes pour devenir *dakinis*. Résidant une grande partie de l'année sur ces hauteurs interdites, ces jeunes femmes auraient pour fonction de servir le maître dans toutes les sphères de son intimité. Seuls les anciens membres du « mandala secret » ont bien voulu me parler. Les membres actuels refusent catégoriquement de le faire, considérant – à juste titre – que mes concepts d'Occidentale m'empêcheraient de comprendre le sens profond de ces enseignements. Abordant les rivages sacrés de l'illumination bouddhique, j'ai donc été contrainte de me fier aux témoignages de plusieurs déserteurs.

Après avoir suivi les cours dispensés aux mandalas « Méditation » et « Ngöndro », certains étudiants sont admis à entrer dans le « mandala secret ». Contrairement à la grande majorité des étudiants qui ne voient leur maître que lors des enseignements publics donnés une ou deux fois par an, ces privilégiés le côtoient quotidiennement, de manière à profiter de ses enseignements et de ses bénédictions. Les personnes qui ont accès à cette sphère y viennent pour « servir le maître ». Le recrutement se fait en interne, en fonction de l'ancienneté et du zèle manifesté dans « l'activité » (travail bénévole), sans intervention directe de Sogyal Rinpoché. Ce dernier peut cependant accorder un signe de confiance à un individu qui n'aurait pas gravi toutes les étapes en lui confiant des missions spéciales considérées comme particulièrement « importantes » ou « secrètes ». C'est ainsi, par exemple, qu'un instructeur s'est vu confier la tâche de transporter en avion des « reliques et documents précieux » en Inde. Pour marquer ce type d'élections hors cursus, il est fréquent que Sogyal Rinpoché envoie chercher la personne en voiture à la gare ou à l'aéroport de Montpellier pour la mener à Lerab Ling. Le chauffeur est un étudiant impliqué dans « l'activité », qui prend la tâche en question comme un « travail spirituel » qui lui rapportera des bénédictions très importantes[47]. À son arrivée, si la personne est un étudiant Rigpa qui a eu le temps d'assimiler le vocabulaire, il se dira « impressionné ». C'est en tout cas la formule qu'adopteront les étudiants présents à Lerab Ling pour décrire son attitude à l'arrivée : « Il a vraiment été impressionné ! » La personne est alors introduite dans le chalet de Sogyal Rinpoché, ce qui est présenté comme le privilège ultime, signe sinon d'un karma pur, du moins d'une « connexion avec Rinpoché ». La personne devient ainsi, par le fait même du privilège, une personnalité d'importance. Le chemin qui mène jusqu'au maître s'accompagne de commentaires élogieux, ainsi que d'une certaine tension : il s'agit de se montrer à la hauteur.

---

47. Notons au sujet des automobiles que celles qui transportent Sogyal Rin-poché et d'autres « grands maîtres » se « chargent en bénédictions » à un point quantifiable monétairement. Les étudiants de Rigpa reçurent un jour de 2009 un e-mail annonçant la vente d'une petite voiture d'occasion à un prix plus élevé que la moyenne du marché. L'annonce mettait en valeur les « bénédic-tions » et l'« énergie » dont cette voiture s'était imprégnée. Voilà donc comment l'on passe d'un « petit véhicule » à un « grand véhicule ».

Certaines consignes sont données d'un ton angoissé au visiteur sur la manière de « se comporter avec Rinpoché » : être factuel dans ses paroles, être « flexible », « ne pas avoir d'attente particulière », bref, se taire le plus possible et être prêt à accepter tout ce qui vient. L'obéissance et la soumission sont ainsi présentées comme des qualités éminemment spirituelles. Le visiteur est d'abord introduit dans la « salle des reliques » où sont exhibées des statuettes, des tapisseries sacrées, des restes de lamas et autres objets religieux appartenant à Sogyal Rinpoché. Ils doivent être admirés plusieurs minutes. Le visiteur est ensuite conduit dans le bureau du maître. On lui demande de se tenir face à lui, qui est assis sur un siège en hauteur. Sogyal Rinpoché a la fenêtre dans le dos et, pour peu qu'il y ait du soleil, le visiteur sera littéralement ébloui par cette vision. Dans ses rapports avec ces invités spéciaux, le maître se montre généralement affable et courtois, plein d'entrain, de gaieté et de joliesse. Il apparaît souvent « décontracté », comme aiment à le souligner ses disciples. L'objet de telles convocations a souvent trait à une tâche particulière à effectuer gracieusement pour Rigpa. Il est ainsi possible de monter rapidement en grade par élection directe de Sogyal Rinpoché et d'accéder ainsi à son chalet. D'après mes informateurs, plusieurs critères entrent en jeu pour en bénéficier : soit un statut socio-professionnel élevé et des compétences particulières (souvent des hommes), soit un type de physique et un âge particuliers (pour les femmes uniquement).

Les hommes forment l'essentiel de la petite communauté des proches collaborateurs de Sogyal Rinpoché (environ une vingtaine). Le terme de « serviteurs » semble plus approprié pour les nommer, dans la mesure où les personnes en question ne disent pas « collaborer avec Rinpoché » ni même « travailler avec Rinpoché » mais bien « servir Rinpoché », « être au service de Rinpoché », « servir le maître », « servir Rigpa » ou, par euphémisme, « être dans l'activité ». Ces personnes emploient un terme moins péjoratif, qui relève néanmoins toujours du champ lexical de la domesticité : celui d'« intendants ». La langue employée pour le « travail » est l'anglais, comme dans toute entreprise multinationale. Sogyal Rinpoché donne essentiellement ses « instructions » sur le « développement de Rigpa » (en interne mais également à l'étranger, dans la perspective de nouvelles implantations) assis en tailleur sur un petit trône aménagé sur « la colline » où il est censé « pratiquer » (méditer) chaque matin. Les intendants y accourent par un chemin plus court que celui emprunté par le maître, de manière à être présents avant son arrivée et pour qu'il puisse faire un peu d'exercice[48]. Pour prévoir le moment exact où il s'y rendra, les intendants communiquent entre eux par talkies-walkies. Ils doivent aussi être constamment à l'affût de la moindre parole ou du moindre geste de Sogyal Rinpoché dans toute interaction éventuelle avec lui, car « tout est enseignement » et tout peut « se manifester » de manière imprévisible, en raison du caractère « spontané », déjà bien connu, du « maître de folle sagesse ».

---

48. Son poids est une préoccupation majeure de Sogyal Rinpoché. Son entourage, qui s'efforce en vain de le mettre au régime, se voit souvent rétorquer : *Pray for my diet* (entendu également lors d'enseignements publics).

Dans la mesure où les « directives », « instructions » et « trainings » sont donnés par Sogyal Rinpoché à n'importe quel moment du jour et de la nuit, et parce que ces instructions doivent être suivies à la lettre, les intendants ont mis au point un système de notation par manuels. Une foule de documents sont ainsi édités par « le staff » (les intendants), qui synthétisent de manière très organisée les règles liées au service du maître et à la bonne marche de son organisation. Les manuels sont ainsi la compilation ordonnée d'injonctions et de requêtes diverses (appelées *training*), données en toutes circonstances et de manière décousue par Sogyal Rinpoché. La confusion sur le terme *training* est par ailleurs notable : *training* désigne à la fois des règles liées aux procédures de réalisation des tâches (ou *process*), au sens managérial et quasi taylorien, et des « instructions » qui seraient d'ordre « spirituel ». Exemple de *training* : « vérifier trois fois que l'on a bien fait la chose demandée » (qu'il ne reste plus aucune feuille morte sur la pelouse du jardin de Sogyal Rinpoché, que l'on a bien communiqué à Untel la nouvelle consigne, que l'on a bien réservé la chambre d'hôtel avec balcon, demandée par Sogyal Rinpoché, acheté sa viande de bœuf à tel endroit plutôt qu'à tel autre, arrangé l'autel comme il l'a décidé, etc.). Les *trainings* sont ainsi plus au moins ambigus : « vérifier la chose trois fois » semble davantage rattaché au domaine du service concret au maître que « ne supposez pas », devenu ritournelle, qui s'applique à toute sorte de circonstances. L'expression peut ainsi vouloir dire « ne partez pas du principe que la personne à qui l'on a donné la consigne l'a bel et bien appliquée, mais vérifiez par vous-même », « ne pas présumer que l'on est au point sur la marche à suivre mais plutôt s'en référer exactement au manuel », « ne pas s'imaginer que l'on est en mesure de comprendre les raisons pour lesquelles Sogyal Rinpoché ordonne telle ou telle chose », accepter simplement ce qu'il dit, ne pas chercher à comprendre. Le terme « saisir », très lié à l'expression « ne supposez pas », est également ambigu. L'injonction répétée de « ne pas saisir » signifie « ne pas s'attacher aux concepts », expression qui rattache le service au maître à la doctrine bouddhique, mais qui signifie tout à la fois « ne pas chercher à comprendre », voire même « se contenter d'obéir ». Un autre terme à double sens est aussi récurrent : « visualiser ». Il ne s'agit pas là de visualisations tantriques, comme le laisse supposer l'expression en contexte bouddhique, mais plutôt d'avoir précisément en tête toutes les étapes d'un *process* très concret (par exemple, appeler Untel pour le prévenir de l'arrivée de Sogyal Rinpoché, préparer son accueil, ouvrir la porte, s'assurer que les documents qu'il lira sont bien disposés sur sa tablette, etc.). On retrouve donc la confusion, déjà visible dans les prestations publiques de Sogyal Rinpoché, entre les diverses tâches liées au bon fonctionnement d'une entreprise multinationale et le « travail sur soi » d'ordre psychologique ou spirituel (nommé « psychothérapie dharmique »), qui seraient une seule et même chose. Le management auto-ritaire d'un chef d'entreprise de son « staff » ne serait rien d'autre qu'un « enseignement spirituel », l'obéissance de ces derniers une forme d' « ouverture d'esprit », de « flexibilité » ou de « non-attachement » typiquement bouddhiques. Il s'agit plutôt, en réalité, des nouvelles formes de pouvoir, que l'on constate actuellement dans bon nombre d'entreprises ayant recours à des *coaches*[49]. Pour s'assurer de l'obéissance de leurs salariés dans un contexte où la hiérarchie est mal perçue et l'individualisme valorisé, les chefs d'entreprise ont désormais recours à la rhétorique du développement personnel. La soumission aux décisions prises par la direction n'est plus un devoir professionnel ou moral envers autrui – envers l'employeur, ou plus abstraitement à l'égard de « la société » : elle est au contraire la preuve que l'on est capable de comprendre et d'accepter le changement, l'instabilité, les revers de fortune, autrement dit le *samsara*. Le « développement personnel » permet ainsi de désarmer les individus, conduits à se soumettre volontairement à l'autorité du chef.

Dans ce contexte particulier – celui d'une entreprise multi-nationale dont l'objet serait de délivrer des services « spiri-tuels » –, les arguments invoqués par les travailleurs ont trait au caractère « pragmatique » de la « spiritualité tibétaine ». Ils affirment en effet que « Rinpoché les a aidés à devenir plus concrets, précis, efficaces, à avoir les pieds sur terre, alors qu'au départ, quand ils sont arrivés, ils avaient des concepts sur la spiritualité, ils étaient finalement perdus, ils étaient pleins d'obscurcissements, totalement déconnectés des réalités », et précisent que « les Tibétains sont beaucoup plus terre à terre : pour eux, la spiritualité, c'est du concret ! » En somme, cette « spiritualité tibétaine » (c'est-à-dire en réalité l'application du modèle capitaliste par un entrepreneur tibé-

---

49. Voir notamment les travaux des sociologues Jean-Pierre LE GOFF, *Les illu-sions du management*, Paris, La Découverte, 2003 et Valérie BRUNEL, *Les man-agers de l'âme*, Paris, La Découverte, 2004.

tain) les amène à se réconcilier avec le « matérialisme » qu'ils réprouvaient tant au départ. Lorsqu'il est « occidental », ce matérialisme est condamné ; quand on l'affuble du qualificatif « tibétain », il est soudain hautement désirable. Le matérialisme – c'est-à-dire l'attachement aux activités et aux objets matériels, et toute l'énergie déployée pour en accumuler – cause supposée du mal occidental, doit pour retrouver une valeur positive être repositionné en contexte « tibétain ». Par cette redéfinition, le « matérialisme des Occidentaux », caractérisé par « le stress », « l'attachement au matériel », « l'appât du gain », devient « le bon sens », « avoir les pieds sur terre » ou « le côté concret » des « Tibétains ». Le « stress », très présent dans « l'entourage de Rinpoché » est alors qualifié d' « énergie » et d' « activité ». Sogyal Rinpoché n'est pas un entrepreneur qui souhaite étendre ses parts de marché par la création et la vente de nouveaux produits et l'ouverture de nouvelles filiales : c'est un « maître d'activité ». Il y a des « maîtres d'activité », il y en a d'autres qui sont « plus calmes » : chacun possède sa personnalité, de manière à répondre aux « différents besoins des êtres ».

Un exemplaire de manuel destiné aux tournées publiques de Sogyal Rinpoché m'a été donné par une ancienne intendante. Ce document est considéré « confidentiel » par le « staff » et aurait dû être brûlé par elle à sa sortie du groupe. Il s'agit d'un petit fascicule au format A4 d'une dizaine de pages rédigées en anglais et intitulé *Rigpa Public Tour Manual*. Le sommaire indique qu'il traitera de logement et de voyage, du lieu réservé aux enseignements (scène et coulisses, appelées « scène » et « maison »), de la communication (essentiellement avec Sogyal Rinpoché) et de la coordination (entre intendants). Il doit être conservé comme référence par toute personne accompagnant le maître dans ses déplacements. Y figure d'abord une série de numéros de téléphone, à commencer par ceux des bureaux de Sogyal Rinpoché en France, en Allemagne et en Australie. Il est également mentionné que l'intendant doit se munir, en plus de ce guide, d'une *mini phone list*, qui répertorie tous les numéros de téléphone utiles sous un format de carte de visite. Elle doit être « fine et élégante de manière à pouvoir tenir dans une poche de chemise ». Viennent ensuite des recommandations sur le départ et l'arrivée du maître, indiquées sous forme d'énumérations concises. Il s'agit d'abord de « calculer le nombre de voitures nécessaires pour transporter Rinpoché ». Le texte précise que « chaque voiture doit avoir un téléphone portable (s'assurer qu'il est chargé) », que l'intendant doit « s'assurer que chaque chauffeur connaît parfaitement la route à suivre », qu'il y a des guides et des plans dans la voiture, ainsi que des brochures de Rigpa. Il doit aussi « visualiser l'arrivée relativement aux points suivants : où Rinpoché va arriver et où l'on doit garer les voitures, manière de garer les voitures le plus près possible de l'aéroport/de la gare, positionner les voitures de manière à ce qu'elles fassent face à la route à suivre, faire rester quelqu'un à côté des voitures pour éviter tout problème de circulation, savoir où sont les toilettes publiques les plus proches dans l'aéroport ou la gare... » Il lui faut également s'assurer qu'il y a « toujours de la nourriture et des boissons (thé) à disposition de Rinpoché », de même qu'un programme de cinéma en cas de retard d'avion. Il est également demandé que « pour tout trajet, long ou court, le chauffeur note l'heure précise où Rinpoché est entré dans la voiture et combien de temps il reste avant l'arrivée finale à destination ». Des check-lists sont ensuite données en guise de récapitulatifs pour chaque paragraphe, du type : « Check-list : – Voitures/chauffeurs – Informations générales – Listes de numéros de téléphone – nourriture, etc. En voiture : – Téléphones portables – Retards – Connaissez bien les aéroports et les gares (toilettes, etc.) – Soyez familier avec l'itinéraire ». Les expressions « ne présumez pas ! », « visualisez », « soyez très clair », « soyez précis », « vérifiez », « assurez-vous de... », « toujours » (souligné et en gras) sont récurrentes, de même que « Rinpoché aime/n'aime pas », par exemple, « Rinpoché aime les lits doubles », « Rinpoché n'aime plus les téléphones sans fil ». L'humour et la prise de distance sont inexistants : des consignes comme « Soyez léger et fléxible, comme l'est Rinpoché », en caractères gras, sont à prendre au premier degré[50]. Des consignes et des résumés du même ordre sont donnés pour les départs et les arrivées sur le lieu, la disposition de la salle, les brochures et produits Rigpa qu'il faut y disposer, les préparatifs logistiques (informatique,

---

50. De même fut prise très au sérieux la vente aux enchères d'objets usagés de Sogyal Rinpoché organisée le 28 août 2003 dans le but de lever des fonds pour les travaux du centre de Lerab Ling. Parmi les objets figuraient notamment : des chemises, des stylos, des slips, un sandwich à moitié croqué, des presse-papiers, des photos, des calligraphies, des chapelets, des peintures sur soie, des statuettes, des cahiers. On peut y voir une transposition de ce qui se faisait au Tibet (achats et vénération de reliques). L'ancienne coordinatrice de Rigpa France, Marion Lecomte, a néanmoins répondu un jour avec humour aux exigences jugées abracadabrantesques de Sogyal Rinpoché : il avait exigé un hélicoptère pour le conduire de Montpellier à Lerab Ling, elle lui offrit un petit hélicoptère en plastique pour enfants.

impression, copies), ou encore la manière de répondre au téléphone : « Quand vous répondez au téléphone, vous devez parler d'une manière douce et amicale, vous devez paraître décontracté, à l'aise, cela doit s'entendre au téléphone ; la première impression est très importante » est l'une de ces consignes supposées s'appliquer aussi bien à la méditation qu'aux relations avec la clientèle. N'est-ce pas ce que l'on trouve enseigné de la même manière dans de nombreuses entreprises ? Le document insiste particulièrement sur le « soin » à apporter à la personne de Sogyal Rinpoché. Cette activité est souvent qualifiée à l'oral de *lama care*, une forme particulière de « méditation en action » mise « au service des enseignements », qui aurait pour effet premier le développement du dharma dans le monde, et pour effet second, de manière plus égoïste, la rétribution du travailleur en « bénédictions ».

Le *lama care* n'a rien de « spirituel » : il concerne tous les aspects de la vie matérielle et sensorielle de Sogyal Rinpoché. La partie du document consacrée à la « résidence » du maître précise en détail tout ce dont le maître a besoin pour être en mesure d'assurer ses performances publiques. Il lui faut notamment, par ordre d'apparition dans le document : des toilettes et une salle de bains au même étage que sa chambre, une télévision et un lecteur DVD, une piscine chauffée à proximité (30 °C minimum) car « Rinpoché aime nager », un joli parc, car « Rinpoché aime marcher dans de jolis parcs », un lit double au matelas ferme, car « Rinpoché a des problèmes de dos », un téléphone avec fil, trois ou quatre petites tables. Le lieu de résidence – généralement l'appartement d'un disciple prêté pour l'occasion[51] ou quelquefois un hôtel[52] – doit être propre, les draps du lit doivent avoir été parfumés à l'encens en récitant des prières, il lui faut un coussin spécial, de type japonais et de dimensions 40 x 30 x 20 cm. Il faut également localiser un magasin de vidéos à proximité et en ramener le programme, la cuisine doit comporter au moins 1 bouilloire électrique, 1 four à micro-ondes, suffisamment de casseroles (au moins 4), 2 poêles à frire, des cuillères de cuisine en bois, 1 fouet, 1 couteau très tranchant et 1 planche à découper. Il faut également y apporter la tasse et les bols personnels de Rinpoché[53], de jolis couverts et 1 plateau pour le service. Pour les hôtels en particulier, il faut choisir des chambres « jolies et confortables », si possible avec un balcon, une belle vue et une piscine chauffée. Un intendant qui connaît les goûts de Rinpoché doit visiter les lieux avant la réservation pour ne pas commettre d'impair. Les chaînes de télévision BBC et CNN doivent être disponibles. Il faut installer avant son arrivée, quel que soit le lieu : 1 télévision et 1 lecteur DVD (avec éventuellement des instructions écrites pour savoir s'en servir), 1 programme télé local, 1 bouilloire électrique, des sachets de thé Darjeeling, Bancha et Genmaicha, 1 ou 2 bouteilles d'eau minérale locale non gazeuse, 1 jolie tasse,

---

51. Dans ce cas, l'étudiant devra supprimer toute trace personnelle : livres, photos, objets, qui seront remplacés par les effets de Sogyal Rinpoché le temps de son séjour, lequel apportera force bénédictions à la personne qui transforme ainsi son logement personnel en hôtel strictement fonctionnel. Cette demande est explicitement spécifiée dans le manuel.

52. Bien que cela soit à éviter au maximum, Sogyal Rinpoché étant *very money conscious, wanting to save money* (manuel).

53. Selon mes informateurs, Sogyal Rinpoché a la phobie de l'empoisonnement (pratique qui n'est effectivement pas rare dans les milieux de pouvoir tibétains).

Servir le maître

1 litre de lait frais pasteurisé demi-écrémé, 1 fouet, 1 plaque électrique pour faire chauffer le lait, de jolies fleurs, des fruits comme du raisin (lavé) blanc ou rouge, des bananes, des poires, 1 papaye, 1 boîte de Kleenex ouverte à côté du lit de Rinpoché, des biscuits, 1 boîte de lingettes pour s'essuyer les fesses, 1 petite bouteille de liquide vaisselle, 1 éponge et 1 serviette à thé, 1 petite table supplémentaire, 1 coussin aux dimensions requises. Pour ce qui est des menus au restaurant, il faut privilégier les plats à base de bœuf, tel le steak frites. Une rubrique intitulée « Soin personnel » se décompose en cinq points : 1° Comment se comporter avec Rinpoché : « Ne pas parler trop, ne pas parler de choses non nécessaires. Soyez enjoués plutôt qu'inquiet et anxieux. Rinpoché doit être à 100 % au centre de votre attention, surtout pendant ces moments importants que sont les fins d'enseignements publics, les signatures de livres, les rencontres avec le public, les arrivées et les départs » ; 2° Nourriture : « La nourriture doit toujours être préparée à l'avance et être surtout composée de bœuf, il faut aussi des sachets de soupe instantanée, du pain irlandais, ses médicaments tibétains, du thé vert japonais – à ne pas servir brûlant pour ne pas qu'il se brûle la bouche » ; 3° Divertissement (vidéos, télévision, cinéma) ; 4° Massage : chaque centre doit avoir une personne disponible pour masser Rinpoché durant son séjour. D'autres détails sont donnés au sujet des enseignements publics, notamment le fait que l'intendant situé près de la scène pour seconder Sogyal Rinpoché soit « quelqu'un d'expérimenté et sûr de lui, de préférence un homme ». Sauf exception, les femmes sont cantonnées quant à elles à la sphère domestique et intime.

La journée type d'une dakini

Sogyal Rinpoché se lève généralement entre 7 et 8 heures. Il s'est souvent réveillé plusieurs fois durant la nuit et a fait noter à Mimi, qui dort par terre au pied de son lit, les idées et directives qui lui viennent à l'esprit : demander à Untel de faire ceci, rappeler à Untel de faire cela, dire à Untel qu'il a mal fait son travail, etc. Elle doit ainsi avoir un carnet où noter toutes ces « instructions » qui sont aussi des « enseignements spirituels ». Ses carnets mentionnent ainsi deux types de directives et de pense-bêtes. Ces directives peuvent être données par d'autres intendantes, par exemple : « Rinpoché est très visuel : il faut tout lui écrire » ; «Soyez un lien entre Rinpoché et les autres » ; « Travail d'équipe, priorités, discrétion/tact » ; « Sécurité : tout vérifier » ; « Bureau : les clés dans le petit pot dans la cuisine de l'étage, le linge sale dans un sac plastique, étendre le linge pour le sécher » ; « Défaire les valises : retirer les étiquettes de l'aéroport, tout sortir, vérifier toutes les poches, puis tout trier proprement, vérifier que rien ne traîne par terre, se laver les mains » ; « Nourriture tout de suite après les enseignements ». Figurent aussi sur ces carnets des descriptions de la garde-robe de Sogyal Rinpoché, la manière de lui couper les ongles, de lui brosser les dents ou de lui mettre ses chaussettes, ainsi que d'autres détails du type : « Ne pas oublier de tourner tous les jours la page du calendrier »; « Remplacer les bougies consumées » ; et, surtout : « Penser au lama avant tout ». Les directives peuvent également être données par Sogyal Rinpoché lui-même. Elles sont dans ce cas souvent qualifiées de *terma*, par exemple : « Communique correctement » ; « Contente-toi d'écouter ! » ; « Écoute soigneusement les instructions » ; « Les gens ne devinent pas : il faut leur expliquer ce que tu veux », ou l'ordre de ne pas laisser les autres insinuer le doute dans son esprit. La *dakini* utilise à cet égard les pages de son carnet pour confesser ses fautes : « Quelquefois je laisse les autres remplir mon esprit de doutes. » Sogyal Rinpoché peut également faire des reproches à titre d'encouragement d'ordre psycho-thérapeutique, tel : « Tu vis dans le passé ! » Sogyal Rinpoché évoque souvent aussi sa vision du rôle social de la femme. Il aurait notamment affirmé : « La force de la femme réside dans l'amour. Les femmes perdent leur valeur en essayant d'être des hommes. » Certains *terma* (« trésors spirituels ») sont ensuite compilés par les intendants, notamment sous forme de *slogan cards*, au nombre de 108 (nombre de perles composant le chapelet bouddhique). Les *dakinis* doivent garder ces cartes sous la main. Surtout, note Mimi dans son carnet, « Souviens-toi que l'amour que tu donnes à Rinpoché nourrit celui qu'il te donne, sois reconnaissante, l'amour jaillit de la dévotion et de la foi. » L'amour que le maître aura pour elle et pour les autres dépend directement de la quantité d'amour qu'elle lui manifestera. Il est donc crucial pour « le bien des êtres » qu'elle soit la plus aimante possible.

La *dakini* principale est également tenue au courant des avancées de Rigpa dans le monde. Ainsi, une page du carnet de Mimi indique-t-elle, à gauche, une colonne « Centres principaux : France, Grande-Bretagne, Allemagne, Australie, États-Unis », à droite, une autre « À venir : Taïwan, Espagne, Japon, Québec, Israël, Afrique ». Une *dakini* peut également être la source de nouveaux *terma*, la plupart du temps liés à la grandeur de Sogyal Rinpoché. Par exemple, Mimi déclara un jour à Sogyal Rinpoché qu'il ressemblait à Vajrakilaya (divinité courroucée) quand il dormait. Il lui demanda, une fois en public, de répéter ses paroles élogieuses. La *dakini* a donc un rôle de témoin dans la reconnaissance de la bouddhéité du maître : constatant à chaque instant sa perfection spirituelle dans la plus stricte intimité, elle doit s'en faire écho dans le reste du monde.

Après son réveil, Sogyal Rinpoché appelle la *dakini* la plus proche, qui dort généralement par terre au pied de son lit. Si elle se trouve dans un autre chalet avec d'autres jeunes femmes, il la fait alors appeler par celle qui dort à ses côtés. Le talky-walky d'une *dakini* importante doit rester allumé 24 heures sur 24. Éveillée par le maître, elle doit sortir de son sac de couchage et être prête en moins de cinq minutes pour venir le lever, lui servir son petit déjeuner, l'habiller, faire son lit, nettoyer sa chambre, préparer sa brosse à dents. Son petit déjeuner se compose d'un porridge au lait très sucré.

Pendant qu'il mange, il donne ses instructions, fait venir tel ou tel intendant, appelle ses *teams*, leur donne des instructions, leur demande ce qu'ils ont fait. Il sort ensuite avec elle faire sa promenade-méditation sur la colline de Lerab Ling. Comme le précise Mimi, le maître agit comme s'il ne savait rien faire seul, ce qui lui donna plusieurs fois l'impression troublante d'avoir à s'occuper d'un jeune enfant. Chaque sortie, chaque tâche, chaque geste doit être préparé à l'avance par les *dakinis*. Lors de ces sorties matinales sur la colline de Lerab Ling où il « s'assoit », ou lors de promenades dans la nature, la *dakini* doit préparer ses sacs à l'avance en suivant les instructions d'un manuel : la moindre sortie nécessite 2 sacs contenant 6 mouchoirs (Kleenex pliés et présentés d'une certaine manière exigée par le maître : ils sont utiles pour qu'il se mouche et pour essuyer son sexe après avoir uriné ; si cela se fait dans la nature, la *dakini* doit attendre derrière lui qu'il ait terminé, il s'essuie lui-même et tend le Kleenex usagé à la *dakini* pour qu'elle le jette dans un plastique prévu à cet effet), ses médicaments tibétains, son peigne, son gratte-dos, son chausse-pied, 1 minithéière, des stylos, 1 bloc-notes, 1 T-shirt et 1 slip de rechange, 1 banane, des biscuits, 1 bouteille d'eau, ses CD de « pratique », 1 lecteur CD, ses 2 téléphones portables, le téléphone fixe de Lerab Ling, 1 châle, de l'huile Olbas Oil (décongestionnant nasal), 1 enregistreur vocal, 1 Ipod comprenant ses prières, des écouteurs, des lunettes de soleil, 1 parapluie. Sur la plate-forme aménagée sur sa colline, il reste dix minutes environ à méditer. Pour préparer cet événement, deux personnes doivent courir derrière lui pour amener à temps coussins, un bol de soupe, eau, lunettes, paravent, installer le matériel audio pour qu'il puisse écouter ses prières, un bloc-notes sur sa tablette... Toujours selon Mimi, le maître a beaucoup de mal à rester immobile pendant son « assise ». La *dakini* doit rester près de lui pendant qu'il médite pour répondre à ses probables demandes. Elle doit pouvoir parer à toute éventualité : trop froid, trop chaud, envie de manger, de boire ou d'uriner, urgence d'appeler Untel, qui accourt aussi vite qu'il le peut pour s'entendre généralement dire deux ou trois mots laissés en suspens, rappeler qu'il tient à voyager en première classe pour aller en Australie, etc. Son oratoire sur la colline devient ensuite le bureau où il reçoit ses intendants. Les personnes qui ont accès à lui sur la colline sont triées sur le volet : il s'agit souvent de Patrick Gaffney, son collaborateur anglais le plus proche et le plus ancien, et des autres hauts responsables. Selon Mimi, les questions évoquées par Sogyal Rinpoché et ses collaborateurs ont essentiellement trait au business : comment agrandir ou améliorer Rigpa, ouvrir de nouveaux centres, développer de nouveaux enseignements, proposer de nouveaux produits, tels CD, DVD... Une grande préoccupation de Sogyal Rinpoché serait également de rencontrer des personnalités politiques, religieuses ou artistiques importantes.

S'il ne va pas sur sa colline, il reste dans son jardin. Quand il voyage, le *schedule* est organisé différemment, mais toujours planifié à l'avance et ne laissant rien au hasard. La maximisation de l'emploi du temps doit se faire dans le sens du plus grand confort possible pour le maître. Lors de ses déplacements, qui donnent lieu à une agitation et à une anxiété extrêmes, trois ou quatre jeunes femmes accompagnent le maître dans sa chambre ou son appartement. Elles devront dormir par terre et le servir comme à l'accoutumée. Les *dakinis* doivent impérativement installer dans le nouveau lieu : les livres de prière de Sogyal Rinpoché, ses statues, ses dossiers, ses CD. Il a toujours beaucoup de bagages, qui sont portés par ces jeunes femmes. Souvent, l'une d'entre elles doit sacrifier sa valise en soute et se contenter d'un sac à main, de manière à laisser la place en soute pour la valise de Sogyal Rinpoché et éviter ainsi la surtaxe. Se met également en place une logistique précise au niveau des voitures (souvent des modèles haut de gamme, Mercedes par exemple) pour conduire le maître de jour comme de nuit là où il souhaite. Sogyal Rinpoché ne prend évidemment jamais les transports en commun. Les trois ou quatre jeunes femmes sont également chargées de cuisiner pour lui. Personne d'autre ne peut approcher sa nourriture. Un local spécial, séparé de la cuisine des retraitants, est réservé à cet effet : il est appelé « la cuisine des lamas », surnommée par les jeunes femmes qui y travaillent « l'enfer », en raison de la chaleur et de l'obscurité qui y règnent.

Sogyal Rinpoché loge habituellement dans son chalet de Lerab Ling, mais il dispose aussi d'un appartement abandonné pour lui depuis une dizaine d'années par une disciple. Cet appartement est situé à Courbevoie. Il peut également résider dans « la maison » (partie interdite au public) du centre de Levallois-Perret. Ces logements ne lui appartiennent pas : il y est « invité ». Il possède en revanche un appartement personnel minuscule à Montmartre, qui serait sa seule propriété personnelle, don d'une autre disciple. C'est dans ce studio qu'il invite les lamas qu'il fait venir à Paris. Ce fut notamment le cas pour Dudjom Rinpoché, qui y résida fréquemment. Dans tous ses domiciles, il y a toujours au moins une jeune femme en cuisine pour lui préparer ses *momo* et sa viande de bœuf. Trouver la viande adéquate est un souci capital pour les intendantes : dans toute nouvelle ville, il faut partir en reconnaissance et trouver les magasins et les restaurants qui correspondent aux goûts du maître. En général, les *dakinis* sont sept. Certaines restent à son service toute l'année, d'autres ne viennent que pendant leurs périodes de disponibilité. Deux d'entre elles sont spécialisées dans la garde du fils de Sogyal Rinpoché. Son père le couvrirait de cadeaux mais passerait peu de temps avec lui. L'enfant est clairement présenté comme l'héritier du trône.

La communication entre la sphère intime du chalet (« mandala secret ») et l'extérieur est strictement cloisonnée. Il est recommandé aux *dakinis* de se maintenir à l'écart, ce qui, de fait, s'impose comme une nécessité puisqu'elles vivent la plupart du temps recluses dans le chalet du maître ou la « cuisine des lamas ». Sogyal Rinpoché leur fait également promettre de ne rien dire à personne de leurs échanges sexuels. Il affirme qu'il s'agit là d'un *samaya* secret, dont la rupture constituerait « le plus grand crime karmique », capable de se répercuter sur leur famille comme une malédiction. Sogyal Rinpoché est très « spontané » dans ses relations avec les *dakinis* – bien plus même qu'avec ses proches collaborateurs masculins. Par exemple, lorsque Sogyal Rinpoché est aux toilettes, les *dakinis* doivent être assises à côté de lui pour l'aider à la tâche et recevoir ses instructions (lesquelles concernent également la manière adéquate de procéder à l'opération) ; les autres intendants au contraire reçoivent ses instructions à travers la fenêtre des toilettes. Plus généralement, les intendants communiquent avec le maître uniquement depuis le seuil de la porte du chalet. Seules les *dakinis* peuvent y entrer. Le bureau, dans une seconde pièce, est, comme on l'a vu, accessible aussi bien aux *dakinis* qu'à certains privilégiés.

Chaque geste de la vie d'une *dakini* tient au bon vouloir du maître, dont elle dépend de plus en plus à mesure qu'elle reste à son service. Pour manger, dormir, voir ses parents, il faut attendre son autorisation. Le temps de liberté qu'il octroie aux jeunes femmes pour se reposer (officiellement « pour pratiquer ») dépend également de son bon vouloir. En général, elles tombent malades ou invoquent cet état pour pouvoir s'arrêter. Mimi a constaté une rotation des maladies : les *dakinis* tombent malades les unes après les autres, à tour de rôle, de manière à garantir le service du maître. La rotation vaut aussi pour les voyages : toutes ne partent pas en même temps avec lui.

L'après-midi, Sogyal Rinpoché s'assoit devant la télévision, et les *dakinis* doivent lui apporter de la nourriture. Il faut toujours mettre de la salade en accompagnement de sa viande, en signe d'attention à sa santé (il souffre de diabète et d'obésité), mais il ne la mange jamais. Il demande souvent deux steaks, mais mange rarement le second. Un grand signe de privilège est de pouvoir terminer son repas. La proximité avec le maître est encore plus exceptionnelle au moment de la sieste. Une femme du groupe, qui n'est pas une *dakini* le plus souvent, vient lui nettoyer sa chambre. C'est pour elle une source de bénédictions inestimable. Il se fait ensuite masser par une masseuse professionnelle, membre de la communauté. Puis, il a des relations sexuelles avec une ou plusieurs *dakinis*. Pour préparer l'ambiance, il retourne les peintures de soie représentant des divinités : se découvrent alors des photographies érotiques ou pornographiques, le maître ayant visiblement une préférence marquée pour Emmanuelle Béart. Cela aurait lieu quasiment tous les jours. En plus des *dakinis*, Sogyal Rinpoché dispose également de *girl friends* officielles à l'extérieur de Rigpa. Parmi elles : une strip-teaseuse thaïlandaise, une actrice anglaise qu'il connaît depuis quatorze ans, et à la fin des années 1990 sa femme, Marianne, mère de son fils Yéshé. Par ailleurs, le statut de *dakini* n'est pas souvent clairement distingué de celui de *girl friend*. Mimi précise qu'elle a commencé sa carrière comme étudiante, puis comme intendante et enfin comme *dakini*, mais qu'il y eut des moments où Sogyal Rinpoché ne se comporta pas avec elle comme un « maître » mais plutôt comme un « homme amoureux ». Elle se souvient ainsi de romantiques escapades au Crazy Horse. Cependant, une fois de retour à Lerab Ling, elle était clairement une *dakini*, c'est-à-dire une intendante spécialisée dans l'intime. L'une des *dakinis* est restée dans le « mandala secret » malgré son ancienneté. Il s'agit d'une femme que le maître connaît depuis les années 1970 et qui serait toujours amoureuse de lui. Un jour, raconte Mimi, elle fit une crise de jalousie en public, au sujet de deux sœurs jumelles avec lesquelles Sogyal Rinpoché avait eu une aventure. Ces sœurs étaient disciples d'un autre lama tibétain exerçant en Europe, et avaient été échangées contre une disciple de Sogyal Rinpoché : il avait prêté sa jeune Cambodgienne contre une paire de jumelles. C'en était trop pour l'aînée des *dakinis*, une femme déjà âgée s'habillant généralement de vêtements rose bonbon à la manière du *cosplay* japonais. Elle eut une crise d'hystérie et dansa torse nu en public. En permanence malade, on ne lui donne plus beaucoup de travail. Elle sert essentiellement de conseillère aux nouvelles recrues. Mimi la compare à une « maquerelle ». Un jour, elle leur aurait montré ses fesses nues marquées au fouet pour montrer jusqu'où devait aller la dévotion envers Sogyal Rinpoché. Il n'est en effet pas rare que ce dernier accompagne ses réprimandes de coups de bâton, de chausse-pied ou de gratte-dos. Il s'agirait d'un moyen de les « éveiller » et d' « ouvrir leurs chakras ». Certaines, pour échapper aux demandes sexuelles répétées, utilisent d'inté-ressants stratagèmes. L'une d'elles, par exemple, fait semblant d'être obsédée, ce qui dégoûte le maître. Lorsqu'elles sont trop affaiblies ou déprimées, il les envoie en voiture avec chauffeur chez le coiffeur à Montpellier ou leur achète des lots de lingerie qu'elles se partagent entre elles.

Les *dakinis* contribuent également à l'amélioration de l'image publique de Sogyal Rinpoché. Leur présence autour de lui crée une aura d'harmonie et de beauté qui renforcerait son prestige et sa longue vie. Il parle à ce sujet de « stimuler le *lung* », requête que nous avons déjà rencontrée au sujet des vêtements et bijoux à porter lors des enseignements publics de Sogyal Rinpoché. Selon Mimi, il s'agit d'une « façade extérieure », car peu de personnes savent qu'elles sont aussi des objets sexuels. Certains hommes, les collaborateurs ayant des responsabilités importantes dans Rigpa International, sont en revanche au courant. Notons que les jeunes femmes sont souvent affublées de sobriquets les assimilant presque à des animaux de compagnie : « Minou », « Nee », « Mimi »...

Tant qu'elles y sont, les *dakinis* semblent considérer leur appartenance au « mandala secret » comme une marque d'élection, et font ainsi souvent preuve d'une grande ardeur à la tâche et d'un grand sens de l'abnégation. Cependant, il arrive que certaines remettent progressivement en cause cette situation, quittent Lerab Ling et Sogyal Rinpoché. Parmi elles, certaines retournent à la vie civile, reprennent un travail si elles le peuvent encore et élisent un domicile personnel. D'autres, beaucoup plus rares, décident de parler publiquement de leur expérience, qu'elles assimilent ensuite au « travail forcé » et à « l'abus sexuel » perpétré dans le cadre d'une « secte ». Sogyal Rinpoché prend alors le titre de « gourou ». Ces prises de parole publiques engendrent quelques scandales parmi les bouddhistes français, mais percent encore difficilement dans les médias. Le dalaï-lama, très au courant de ces affaires, a préféré ne pas signer, dans les années 1990, la charte de bonne conduite qu'avaient élaborée des bouddhistes occidentaux choqués par ces affaires. Il continue de soutenir publiquement Sogyal Rinpoché, probablement pour ne pas nuire à l'unité de la cause tibétaine, mais le réprimanderait en privé.

RENCONTRE AVEC UN DÉSERTEUR

J'ai rencontré Luc grâce à Guy, le père de Mimi qui fut plusieurs années instructeur au centre de Rigpa Paris. Luc s'est mis à fréquenter assidûment ce lieu en 2000 et l'a quitté en 2008, à l'issue de la retraite relatée dans son journal. Il me proposa de lire ce texte parce qu'il constituait selon lui le reflet à la fois le plus fidèle et le plus immédiat de son expérience passée, sur laquelle il dit ne plus trop souhaiter s'entretenir oralement (ce qu'il fit malgré tout). Son journal me fut ainsi communiqué comme la formulation définitive d'un vécu douloureux, soldé par une rupture. Luc s'est tout d'abord intéressé au bouddhisme en 1995, à la suite d'une émission de Bernard Pivot à laquelle participa Fabien Ouaki, directeur des magasins Tati, pratiquant bouddhiste et auteur d'un ouvrage d'entretiens avec le dalaï-lama intitulé *La vie est à nous*[54]. L'auteur y faisait part de la manière dont le

---

54. Dalaï-Lama, Fabien Ouaki (entretiens), *La vie est à nous*, Paris, Pocket, 1998.

bouddhisme avait transformé et apaisé sa vie quotidienne, le ramenant à des « valeurs essentielles », alors même que le milieu des affaires dans lequel il évoluait le maintenait dans un matérialisme stérile. La situation dépeinte par Ouaki faisait écho aux propres difficultés de Luc, qui se sentait alors frustré dans sa vie professionnelle et familiale. Ingénieur conseil en informatique, il subissait reproches et accusations de la part d'un client, perdait tout intérêt dans un travail devenu pour lui mécanique et se préparait à un second divorce. Les propos tenus par Ouaki l'enthousiasmèrent et lui redonnèrent espoir. Il entreprit la lecture de ce livre, qu'il compléta d'autres ouvrages : *Pour comprendre le bouddhisme*, de Samuel Bercholz et Sherab Chödzin Kohn, *Le Livre tibétain de la vie et de la mort*, de Sogyal Rinpoché, *La Force du bouddhisme*, de Jean-Claude Carrière, *Guide du bouddhisme tibétain*, de Philippe Cornu, *Quand les oiseux de fer voleront, le Dharma ira en Occident*, de Sélim Aïssel, *Esprit zen, esprit neuf*, de Shunryu Suzuki[55]. *Le Livre tibétain de la vie et de la mort*, sans doute plus exotique que les autres, lui avait alors semblé sans aucun rapport avec sa propre démarche. Luc commença à méditer seul dans sa chambre. Il s'asseyait en tailleur sur le sol et tâchait de « faire le vide » dans son esprit, de calmer son « mental » et de prendre du recul face aux événements difficiles de la vie quotidienne. Mais il ne

---

55. Samuel Bercholz et Shérab Chödzin Kohn, *Pour comprendre le bouddhisme*, Paris, Pocket, 1997 ; Sogyal Rinpoché, *Le Livre tibétain de la vie et de la mort*, op.cit., Jean-Claude Carrière, *La Force du bouddhisme. Mieux vivre dans le monde d'aujourd'hui*, Paris, Robert Laffont, 1995 ; Philippe Cornu, *Guide du bouddhisme tibétain*, Paris, LGF-Livre de Poche, 1998 ; Sélim Aïssel, *Quand les oiseaux de fer voleront, le Dharma ira en Occident*, Paris, Éditions Oxus, 2004 ; Shunryu Suzuki, *Esprit zen, esprit neuf*, Paris, Seuil, 1977.

Les dévots du bouddhisme

ressentait pas encore le besoin de trouver un maître ou une communauté. Sa famille lorraine très pratiquante l'avait élevé dans la foi catholique qu'il avait perdue jeune. La religion était devenue pour lui un « danger pour le libre arbitre ». Il se disait « contre les dogmes ». Le bouddhisme, qu'il découvrait, lui semblait au contraire proposer des vérités très logiques auxquelles il était « parvenu par (lui)-même ». Il comprenait sa logique, y adhérait pleinement. Son instruction autodidacte, consistant essentiellement en des lectures modernistes, dura cinq ans. Un dimanche matin de l'été 2000, il regarda l'émission *Voix bouddhistes*. Sogyal Rinpoché y était invité. Il le reconnut comme l'auteur du livre qu'il s'était procuré mais qu'il n'avait pas encore lu. Il réalisa que ce maître avait implanté un centre de pratique non loin de chez lui, à Levallois-Perret (Luc habitait Saint-Cloud). Il s'y rendit, d'abord par curiosité, puis fut conquis par l'esthétique du centre : il ressentit un lien, qualifié de « karmique », avec le personnage de Padmasambhava représenté sur l'image « Elle me ressemble ». L'ambiance, qu'il qualifia de « chaleureuse », l'incita à y retourner régulièrement. Il suivit les cours de premier niveau, participa à des retraites de méditation, puis entama les pratiques préliminaires. La pratique quotidienne de la méditation (quarante-cinq minutes par jour) eut sur lui un « effet positif » en matière de « concentration » et de « paix intérieure ». Il se déclara plus sceptique, cependant, au sujet de l'accumulation du *ngöndro*, dont il ne comprenait pas tout à fait l'intérêt. Il faisait néanmoins « confiance » et poursuivait sa pratique, ne serait-ce que pour accéder aux enseignements tant attendus du Dzogchen, censés lui apporter l'Éveil. Sa première retraite Vajrayana à Lerab Ling, dirigée par un lama invité par Rigpa, eut lieu en 2003. Il me confia n'y avoir « rien compris » et jugea les enseignements et pratiques tantriques « compliquées » et « confuses ». Luc déclara avoir été « choqué » par le fait que Sogyal Rinpoché, reconnu officiellement comme son « maître » – les étudiants du Mandala Dzogchen doivent rédiger en entrant une lettre attestant de leur dévotion à l'égard de Sogyal Rinpoché, qui inclut la promesse de l'accepter comme leur maître quoi qu'il arrive –, n'ait fait que de courtes apparitions lors de la retraite, tout en bénéficiant de somptueuses cérémonies destinées à lui assurer une longue vie. Convaincu qu'il devait redoubler d'efforts pour comprendre les pratiques tantriques et le statut ambigu accordé à Sogyal Rinpoché, Luc s'inscrivit à deux autres retraites d'été, en 2004 et 2005. Entre-temps, il s'était investi comme bénévole au centre de Levallois : accueil, direction des séances collectives hebdo-madaires – au cours desquelles il se retrouvait très souvent seul. Après sa retraite de 2005, Luc décida d'abandonner sa pratique du *ngöndro*, jugeant que cela n'avait aucun sens pour lui. Mais il ne s'interrompit que trois semaines : en revenant du travail un soir, il éprouva le besoin de se rasseoir devant le petit autel aménagé dans sa chambre, reformula sa profession de foi, et reprit la pratique rituelle, qu'il n'abandonna qu'une fois les quatre cycles du *ngöndro* achevés, en 2008. Quelques mois après la fin de la retraite de l'été 2005, les instructeurs de Levallois présentèrent aux étudiants du Mandala Ngöndro le projet de Sogyal Rinpoché d'organiser une retraite traditionnelle de trois ans. Devant l'enthousiasme et le débordement d'activité engendrés par cette nouvelle perspective, Luc sentit qu'il devait prendre clairement position : il décida d'y participer. En raison de ses obligations professionnelles et familiales, Luc ne pouvait certes pas s'engager dans la retraite de trois ans : il lui restait néanmoins l'option de six mois, également proposée par Rigpa. Ayant ainsi posé sa candidature pour la retraite de six mois, Luc mit tout en œuvre pour achever l'accumulation du *ngöndro*, ainsi que le requérait l'administration Rigpa. Il prit modèle sur son ami et instructeur Guy, réalisa 100 prosternations, 100 récitations de Vajrasattva, 100 pratiques du gourou yoga par jour, soit plus de trois heures de pratique quotidienne, en plus de son travail. Il acheva les cycles de la pratique rituelle d' « offrande du mandala » en tout dernier lieu. Le 15 décembre 2007, il acheva les quatre accumulations du *ngöndro*. Il était ainsi prêt pour sa retraite Dzogchen, qui devait avoir lieu d'avril à novembre 2008. Il écrivit une lettre de motivation à Sogyal Rinpoché, requérant de lui qu'il l'accepte en retraite, prit un congé, réunit l'argent dont il avait besoin[56], informa sa femme et ses deux filles, posa sa

---

56. Les frais pour ces six mois de retraite ont été évalués par Luc de la manière suivante : 3 733 euros (inscription pédagogique), 1 800 euros (repas de midi), 5 175 euros (location de logements successifs à Lodève), 1 415 euros (repas du soir et petits déjeuners), 80 euros (achat de matériel requis par les instructeurs à l'arrivée au centre), 258 euros (achat périodique de livres sur le bouddhisme et dons aux maîtres de passage), 120 euros (dons en espèces à Sogyal Rinpoché), soit au total 12 581 euros. Les frais de location sont devenus assez élevés à Lodève en raison de la présence de Lerab Ling. Les achats de matériels et le don d'au moins 100 euros à Sogyal Rinpoché ont été présentés dès le début de la retraite comme obligatoires. Il faut également ajouter les frais de transport automobile (trajet aller et retour à partir de Paris, péages, et surtout trajets quotidiens Lodève-Lerab Ling (28 km), que Luc évalue à 800 euros au total.

Rencontre avec un déserteur

candidature à Levallois et attendit le verdict divinatoire. Ce dernier fut positif : il était « apte ».

L'administration demanda aux élus d'écrire une « lettre de gratitude » à Sogyal Rinpoché pour le remercier de les avoir acceptés en retraite. Luc s'exécuta et remit ce texte aux instructeurs[57] :

« Cher Rinpoché,

Je vous remercie de tout mon cœur et de tout mon esprit de m'avoir accepté à la retraite. Je ferai mon possible pour ouvrir mon cœur à vos enseignements et pour aider les autres retraitants qui arriveront à partir de juin pour se joindre à la retraite, en particulier les Français.

J'ai compris seulement récemment pourquoi vous avez tant pressé mes boutons[58] depuis que je vous ai rencontré pour la première fois en 2000 et pourquoi en dépit de cela je n'ai jamais abandonné ma pratique ni ne vous ai jamais quitté. J'ai ainsi trouvé la solution au problème : accepter de reconnaître votre amour et votre compassion.

Maintenant je vois réellement Gourou Rinpoché[59] en vous et vous en Gourou Rinpoché. Je sais pourquoi, dès le début, j'avais une forte connexion avec Gourou Rinpoché et je comprends également pourquoi le lama est plus important que tous les bouddhas.

---

57. La lettre a été rédigée en anglais. Il s'agit de ma traduction.
58. La formule employée chez Rigpa, *Rinpoche pushes my buttons*, signifie que le maître appuie là où ça fait mal. Cette petite torture mentale est comprise comme un « enseignement » destiné à aider le disciple à se débarrasser de son ego.
59. Padmasambhava.

C'est pourquoi, cher Rinpoché, je vous demande avec dévotion et humilité de me faire don de vos enseignements Dzogchen. »

Les conditions particulières dans lesquelles Luc a effectué sa retraite expliquent au moins en partie son recours au journal. Luc a en effet bénéficié d'une assez grande marge de liberté physique : il ne séjournait pas en permanence sur le site de Lerab Ling, comme de nombreux retraitants, mais logeait dans un studio loué chez l'habitant dans la petite ville de Lodève, à quelques minutes de route du centre. Il disposait en outre d'une voiture, qui lui permettait d'aller faire des courses et, en cas de lassitude, de s'offrir une échappée à la mer ou à la campagne au-dessus de Lodève. Il possédait également un téléphone portable, un ordinateur connecté à Internet et une radio. La « retraite » était donc assez peu stricte. Luc n'était pas non plus toujours présent à Lerab Ling : lors des journées de congé octroyées par Rigpa, appelés « jours off », Luc était libre de se rendre où il voulait. Ce relatif décentrement (géographique, social) par rapport à Lerab Ling a probablement influé sur sa manière de percevoir la microsociété des retraitants Dzogchen et sa propre place au sein de cette dernière. Le journal tenu par Luc commence à la date du 9 avril 2008, jour de son arrivée à Lodève, et se poursuit jusqu'à son départ précipité, le 6 novembre de la même année. Cependant sa rédaction ne débuta qu'en août ou septembre. Les passages relatant les événements survenus entre avril et août ne furent reconstitués qu'à l'automne, à l'aide de notes et d'une mémoire encore fraîche. La prise de notes est une pratique collective, vivement recommandée par l'institution. Comme nombre de récits autobiographiques ordinaires, le journal de Luc est né dans le prolongement d'autres écritures, plus fonctionnelles, auxquelles il a emprunté forme, support et occasion. Il s'agissait ici d'un cahier de notes d'enseignements, auxquelles s'ajoutaient fréquemment remarques et commentaires personnels de la part de Luc. Ces parenthèses prirent tant d'espace sur les pages du cahier qu'il décida de les remettre au propre et de les ordonner sur un fichier informatique, document qu'il relut et retravailla après son retour chez lui fin 2008 et qu'il me transmit dans sa version définitive en novembre 2011. Ainsi le document initial, qui devait être un support d'approfondissement de l'enseignement reçu, devint-il un écrit introspectif, proche de l'exercice spirituel, destiné à recevoir les impressions personnelles du retraitant sur le contenu et les modalités de sa retraite. Saisi d'ennui, de doutes et d'interrogations, Luc s'empare d'un écrit anonyme, ordonné par son environnement immédiat, pour en faire un écrit subversif.

Le journal se présente en effet, d'un bout à l'autre, comme l'éveil d'une lucidité de plus en plus critique à l'égard de Rigpa. Plusieurs étapes sont décelables dans les propos transcrits : 1° L'enthousiasme et la fierté d'avoir été élu : « Nous sommes là parce que nous le méritons » ; « Quelle chance j'ai d'être là ! », rédigé en lettres capitales ; 2° Le constat d'un échec : ennui matérialisé sur le premier cahier à l'aide de « barres » et de « carrés d'ennui », difficulté à comprendre les enseignements Vajrayana, perplexité grandissante à l'égard de Sogyal Rinpoché ; 3° Sa propre remise en question à travers l'accusation devenue rituelle du « trop d'ego » ; 4° Le regain de perplexité face au comportement de Sogyal Rinpoché, notamment lors des scènes d'enseignements mouvementés dans le temple qui amènent Luc à douter de sa « compassion » et donc de sa nature éveillée ; 5° La décision de mener la retraite à son terme afin d'être tout à fait convaincu de l'échec de l'expérience : « Me convaincre jusqu'au bout que je suis dans une impasse » ; 6° Le départ précipité de la retraite : il récapitule ses raisons de partir, cesse la pratique rituelle du *ngöndro*, déchire la photo de Sogyal Rinpoché, appelle sa femme, remonte le chemin de Lerab Ling à contre-courant des autres retraitants, jette à la poubelle la cordelette rouge qu'il portait au cou, symbole de son lien avec Sogyal Rinpoché, quitte Lodève en voiture, les larmes aux yeux.

Journal d'un éveillé

Mercredi 9 avril

J'ai terminé le boulot hier à 17 h 30 et ce matin je prends rapidement Luciana au pont de Sèvres, le plus gros de ses nombreux bagages étant déjà dans la voiture depuis le week-end dernier. J'ai quitté Juliette[60] et les filles pour sept mois le cœur un peu gros, peut-être pourrais-je les voir un peu cet été ? Lulu a pour sa part quitté son mari, sa fille et sa petite-fille. Nous arrivons à Lodève vers 18 heures et allons loger, Luciana chez Françoise Campagne et moi dans une petite maison que me loue Dominique Chevalier.

Jeudi 10 avril

Nous faisons les courses le matin, Luciana et moi. L'après-midi, Françoise et elle passent me prendre au passage et nous allons nous inscrire à Lerab Ling. On achète la cape

---

60. Les prénoms ont été modifiés pour respecter l'anonymat des personnes, sauf pour les officiels de Rigpa.

rouge pour 30 euros, le droit d'accès aux enregistrements sur Ipod pour 50 euros et faisons à SR [Sogyal Rinpoché] le don recommandé de 100 euros (en plus bien sûr des frais d'enseignements et de repas).

Le soir, je suis invité chez Véronique, avec Clara. J'apporte le vin. C'est la dernière fois que je bois un peu d'alcool et mange un peu de viande avant longtemps.

Vendredi 11 avril

Début des enseignements pour les *home retreatants* qui rejoignent la retraite. Nous allons être environ 70 dans ce cas, dont Mustapha qui doit rejoindre dans une dizaine de jours.

Recommandation : « Vous devez faire tout votre possible pour que les choses arrivent. »

Il y a quatre choses à faire en retraite : respecter les horaires ; larguer les habitudes, les activités ordinaires ; se relaxer ; se réjouir, s'amuser.

La moitié du travail de retraite a été fait en se rendant disponible pour elle.

Nous sommes là parce que nous le méritons.

Samedi 12 avril

SR enseigne à Paris aujourd'hui et demain.

Enseignement « n'oubliez jamais quelle occasion extraordinaire c'est pour vous d'être ici ». On peut avoir des crises, surtout si on est fatigué, c'est là qu'il faut avoir confiance dans la pratique.

SR a déjà donné assez d'enseignement pour notre vie actuelle (*ajouté par Luc, après relecture, NdA* : qu'est-on alors venu faire ici ?). À la fin de la retraite Dzogchen, on devrait avoir la certitude de la nature de l'esprit.

N'abandonnez jamais. Parfois quand on est au fond du trou, c'est le meilleur moment. Un moment de réalisation peut arriver n'importe quand et tout clarifier.

De plus en plus, il faut se mettre dans la nature de l'esprit et y rester. En fait toutes les pratiques (refuge, *bodhicitta, guru yoga...*) sont des intros à la nature de l'esprit.

Ma « careuse »[61] sera Suzanne Garant, une Canadienne que je ne connaissais pas encore.

Je note sur mon cahier : « QUELLE CHANCE J'AI D'ÊTRE LÀ ! »

Dimanche 13 avril

Cette retraite est une occasion formidable, donc ne pas la manquer et gâcher son temps. Donc se relaxer tout en restant concentré, dans le présent.

Se rappeler que les difficultés sont une purification.

Lundi 14 avril

Les *Acknowledged* (*ajouté par Luc, après relecture, NdA :* comme les *home retreatants*, ils viennent faire une retraite de sept mois, mais eux sont déjà venus les années précédentes) doivent s'inscrire aujourd'hui, ils nous rejoindront demain.

On nous fait visiter la chambre de Sa Sainteté le dalaï-lama au 2ᵉ étage. J'ai alors une forte introduction spontanée à la

---

61. « Careuse » : Néologisme propre au jargon Rigpa formé sur le mot anglais *care* désignant les personnes qui « prennent soin » des étudiants de niveau inférieur et de Sogyal Rinpoché.

nature de l'esprit. Je reste seul pour le déjeuner, monte sur la colline puis redescends toujours seul à Lodève. J'écris un poème sur ce que j'ai ressenti [...]

Samedi 17 mai

Je remonte avec Clara et Janet et m'énerve contre la première : mis à part le fait qu'elle parle trop et fait du zèle, je lui en veux de m'avoir dit de suspendre à l'extérieur les drapeaux de prières offerts par Véronique : avec la pluie de cette nuit ils ont déteint sur le mur, j'ai gratté une heure mais il en reste.

SR n'enseigne pas (*ajouté par Luc, après relecture, NdA* : est-il parti depuis hier ?), il passe ce week-end à Amsterdam puis le week-end prochain en Angleterre, à Nottingham. On a Patrick et un enseignement par vidéo, puis l'après-midi une réunion du groupe de *care* dont le thème est « est-ce que l'on est prêt à recevoir ces enseignements ? à s'abandonner au maître ? » Moi je ne me sens pas très prêt et dis que ma difficulté est de voir la compassion en SR. Mais je pense que ce problème vient de moi car j'ai des difficultés à croire en l'affection d'un homme, et du mal à accepter une autorité [...]

Samedi 31 mai

Reprise des vidéos sur le gourou yoga.

Vous devez faire en sorte que le maître vous touche, ne pas se tenir à distance. Laissez sa bonté et sa compassion vous toucher. Le maître est le miroir et aussi le moyen de vous changer. Il faut avoir le courage d'ouvrir, pour ne plus être le même. Vous ne pouvez pas toujours analyser car vous n'avez pas tous les bons éléments au départ (*ajouté par Luc, après relecture, NdA* : encore faut-il sentir qu'on peut lui faire confiance).

Ressentir la bonté du maître, ce n'est pas purement intellectuel, c'est quelque chose qu'il faut expérimenter, réaliser. Si votre dévotion est forte, vous allez tout purifier. Si on ouvre un peu son cœur, on voit l'ouverture par laquelle on peut s'échapper.

Ensuite, réunion du *care group*. Les deux questions sont : 1° Comment on se relie à notre nature de bouddha ? 2° Qu'est-ce qui vous a le plus touché dans ces enseignements ? Je dis que mon problème de dévotion doit être lié au fait que je ne suis pas convaincu d'avoir une nature de bouddha et que je vais œuvrer pour voir la compassion de SR, c'est-à-dire l'observer. Je suis optimiste, cela va sûrement marcher. Je prépare une nouvelle version de lettre de motivation pour SR [...]

Jeudi 5 juin

Même programme. Mais je recommence à m'ennuyer et à dessiner, non plus des carrés mais des barres d'ennui. Il est en effet pénible de suivre l'enseignement de Nyoshul Khenpo sur le lecteur CD de SR, SR qui lit le texte traduit, demande des explications à Adam qui se justifie et réexplique, SR qui parle en tibétain à sa mère, etc. Un moment j'en ai ras le bol et barre les quelques notes prises lors de l'enseignement de SR. Heureusement on aura le lendemain les explications d'Adam qui rendent l'enseignement plus compréhensible.

Vendredi 6 juin

[...] Le soir il fait assez froid et SR veut ouvrir les portes du temple en grand pour aérer. Je suis dans le courant d'air et c'est très pénible. SR, lui, s'en fout : là où il est dans le temple il n'y a pas de courant d'air, et de plus il y a la petite nana Jackie qui lui remonte son châle quand celui-ci glisse de ses épaules ! C'est ce qui s'appelle se mettre à la place d'autrui ! [...]

Dimanche 8 juin

Enseignement le matin, et sans prélude par Adam puisque nous sommes dimanche. Avant-hier c'étaient les courants d'air, hier les bonnets, aujourd'hui les mouchoirs devant la bouche pour un nombre significatif de retraitants qui sont enrhumés !

SR arrive de méchante humeur et, pour une fois, à l'heure prévue. Il commence à faire faire des prosternations à ceux qui étaient en retard. Puis il s'en prend au jeune moine néerlandais pour un papier que celui-ci aurait placé au mauvais endroit. Il s'adresse dans un français très approximatif à son chauffeur Jean-Jacques R*** pour dire qu'il doit toujours avoir le moteur en marche car, quand SR rentre dans la voiture et que Jean-Jacques l'y attend à l'intérieur depuis un moment, ça pue (belle humiliation pour Jean-Jacques !...). Il remarque l'absence d'un autre Français, Sacha. Puis il s'en prend aux Français qui seraient peu enthousiastes (« bof », « pas mal », etc.) et surtout manqueraient de reconnaissance. Il exige de nous une lettre de gratitude. Je barre la page de mon cahier d'un grand trait rageur.

À la fin de l'enseignement Minu Boinvilliers et Michèle Pham nous demandent de rester. Elles improvisent à 14 h 30 une « courte » réunion dans le gourou lakhang. C'est une réunion de crise. Bien sûr, ce sont nous les Français qui avons tort. On planche par groupe de trois (je suis avec Leïla B*** et Albert T***) sur les défauts que sont supposés avoir les Français. C'est inepte, et je pars assez énervé car je pense que mes passagères étrangères, Clara et Janet, m'attendent. Il est plus de 16 heures et elles sont déjà rentrées. J'attends Sophie qui était à la réunion, mais elle rentre avec quelqu'un d'autre. Retour sur Lodève par un temps de chien, avec Josiane et la petite Amélie que j'ai prises en stop.

Je ne comprends pas pourquoi SR agit comme ça (*ajouté par Luc, après relecture, NdA* : je ne le sais pas encore, mais je n'arriverai plus à voir la sagesse dans SR). Comment peut-il être aussi con pour ne pas se rendre compte que les « bof » ou les « pas mal » sont un code social ? [...]

Mardi 1ᵉʳ juillet

SR réapparaît ! Et moi, je suis plus que jamais résolu à voir la compassion en lui.

Remise des lettres de gratitude par Minu. Certaines sont lues. Minu m'avait demandé si ma lettre pouvait l'être, mais elle ne l'a pas été, je ne sais pas pourquoi. Réponse de SR : les Français sont *lovely*, c'est tout [...] SR mentionne juste le suicide du fils d'une retraitante. Mais a-t-il eu une action spécifique auprès d'elle ?

Jeudi 10 juillet

Je ne sais pourquoi, mais ce matin j'ai une grosse crise de doute, ne note rien des enseignements mais en revanche 49 questions arrivent dans le désordre :

(*ajouté par Luc, après relecture, NdA* : à la fin de la retraite, toutes les questions non en italique semblent encore pertinentes, celles en caractères gras sont les plus fondamentales).

– *Qu'est-ce que je fais là ?*

– Qu'est-ce que cette retraite apporte, à moi et au monde en général ?

– Ne suis-je pas en train de gaspiller mon temps, mon énergie, mon argent ?

– Pourquoi SR[62] s'acharne-t-il tant sur les Français ?

– Pourquoi Olivier n'est-il pas là ?

– Où est la compassion de SR ?

– *Pourquoi a-t-on beaucoup plus de problèmes ici qu'ailleurs ?*

– *Qu'est-ce qu'apporte le* sangha ?

– Pourquoi n'a-t-on pas été prévenu des difficultés de la retraite ?

– *Pourquoi y a-t-il si peu de jours off ?*

– Que reste-t-il de lucidité chez les autres retraitants ?

– *Que suis-je devenu d'une manière générale ?*

– Pourquoi tant d'anciens sont-ils partis de Rigpa ?

– Où sont-ils partis ?

– Quelle est la part de culture tibétaine superflue ?

– Quelle est l'efficacité des *sadhanas* ?

– Quelle est l'efficacité des enseignements que l'on reçoit ?

---

62. SR : Sogyal Rinpoché. LL : Lerab Ling. SSDL : Sa Sainteté le dalaï-lama.

– Quels sont les fruits de l'arbre Rigpa ?

– Pourquoi SR ne connaît-il que quelques Français, et en général pas ceux qui font la retraite, à LL ou à la maison ?

– Pourquoi avoir donné le meilleur de la retraite à ceux qui y étaient le moins préparés ?

– Pourquoi s'est-il passé aussi peu de choses intéressantes entre avril et le 17 juin ?

– SR cherche-t-il à frimer devant SSDL et les autres lamas ?

– SR est-il un maître authentique ?

– Où est l'esprit de sagesse de SR ?

– *Pourquoi les communications entre retraitants sont-elles en train de s'affaiblir ?*

– Pourquoi cette tradition du maître réincarné n'existe-t-elle qu'au Tibet ?

– Rigpa devient-il une secte ?

– Pourquoi n'ai-je jamais pu parler à SR en huit ans de Rigpa ?

– Le côté industriel du bouddhisme de Rigpa est-il compatible avec cette tradition ?

– Quelle est la part de vrai dans les miracles du bouddhisme tibétain (ex : arcs-en-ciel) ?

– Pourquoi le système de flicage (pointage, permissions de sortie, rondes de SR) ?

– Pourquoi certains n'ont-ils pas de *rota* ou ne le font pas ?

– Pourquoi les *work studies* sont-ils payés moins que le SMIC ?

– Les *carers* ont-ils un rôle caché (flicage) ?

– Pourquoi les exigences financières sont-elles de plus en plus fortes ?

– Que reste-t-il de liberté à Sophie ou Véronique ?

– Comment les retraitants de trois ans vont-ils réintégrer le *samsara* ?

– On prie pour le Tibet, mais pas pour la Palestine ou l'Irak. Où est l'équanimité ?

– Pourquoi la moitié des prières de longue vie concerne SR, sa mère, sa tante ?

– SR ne nous emmène-t-il pas sur un mauvais chemin ?

– Pourquoi tant de textes des *sadhanas* ne sont-ils pas traduits ?

– Pourquoi pratique-t-on presque tout en tibétain ?

– Pourquoi SR ne fait-il pas de séance de questions-réponses comme MR *(un autre lama)* ?

– *SR a-t-il été jaloux de CNR (un autre lama) ?*

– *Peut-on faire la retraite en logeant à l'extérieur de LL, avec des contacts samsariques ?*

– Quel est mon karma ?

– *Pourquoi les retraites coûtent-elles de plus en plus cher ?*

– Le goût du secret est-il pour les lamas le moyen de garder le pouvoir ?

– Donner les enseignements au compte-gouttes est-il pour les lamas le moyen de garder le pouvoir ?

Mercredi 6 août

Enseignement de SR. Il appelle « Bull » le retraitant suisse placé au 2ᵉ rang, je m'étonne qu'il ne connaisse pas son nom. Ensuite il fait venir quatre retraitants qui se plaignaient et donne l'impression de les magnétiser. Est-ce de la compassion ? En tout cas, c'est la première fois que je le vois faire ça.

Puis il se moque d'une Allemande qui voulait une permission car elle avait rêvé la mort de son père, tout le monde rit... Puis il fait venir l'Australienne Catherine Paul qui ne se sentait pas bien. Il l'introduit à la nature de l'esprit par un cri. Son nom ne lui disait rien, mais il l'a reconnue. « Bull » et Catherine sont pourtant des animateurs de la retraite [...]

Jeudi 23 octobre

[...] Voilà où j'en suis à ce jour, quatre semaines avant la fin de la retraite :

1° Le dharma est profondément vrai. Les Tibétains, avec leur Vajrayana, leurs réincarnations et leurs superstitions en font peut-être toutefois une déclinaison simpliste.

2° Je crois en la nature de Bouddha, mon maître intérieur, et j'ai une certaine dévotion pour Gouru Rinpoché.

3° SR n'est pas mon maître. Il me prend trop la tête pour que ce soit le cas et, à vrai dire, je ne le supporte plus, notamment ses préjugés nationaux, son manque d'humilité, ses caprices de diva, son comportement autoritaire, voire dictatorial, sa distance vis-à-vis des disciples. Il m'a permis de progresser dans le passé, mais cela aurait été pareil, sinon mieux, avec un autre lama (ex : Dzigar Kongtrul, Chökyi Nyima, Mingyour, Dzongsar Khyentsé...).

4° Je crois qu'il fait pratiquer un dharma simpliste, baigné de superstitions tibétaines : Kunzang Lama'i Shelung, prières dont l'effet n'est jamais démontré, usage de la langue tibétaine qui empêche de comprendre le sens, discours inadapté au rationalisme occidental, extravagance du temple et des statues, etc.

5° J'ai des sérieux doutes sur son authenticité : ni sa sagesse ni surtout sa compassion ne sont très apparentes (Dzogchen Beara et ses sept places... payantes). Il manque d'autre part d'humilité et de respect pour ses étudiants, les manipule et ne se met pas du tout à leur place. Il en abuse même (présence, argent, dignité, sans même prendre en compte les rumeurs le concernant...). C'est le rejeton d'une riche famille dont on ne savait que faire après le remariage de sa mère, et qui en conséquence a été reconnu par Jamyang Khyentsé Chökyi Lodrö, son oncle. Sur le plan de son savoir, il n'a pas vraiment suivi d'éducation monastique (collège catholique puis université de Delhi) et a appris ce qu'il sait aux côtés de Dudjom. Il est moins à l'aise (ne répond pas directement aux questions) et en sait beaucoup moins que les lamas venus cet été. Sa « folle sagesse » est un alibi mais un syllogisme : le génie côtoie la folie, mais ce n'est pas parce qu'on fait le fou que l'on est génial. Sa force : un livre vendu à deux millions d'exemplaires mais qu'apparemment il n'a pas écrit. Sa réussite : après plus de trente ans, moins de 500 retraitants dont une bonne partie de paumés.

6° Rigpa International est devenu une secte. Quand on examine les caractéristiques des sectes, la plupart d'entre elles s'appliquent à Rigpa. Ce sont des faits, pas de simples impressions. Quant au fruit de Rigpa, c'est trois fois rien : quelques monastères que l'on aiderait, Mylène et ses petites filles tibétaines, Dzogchen Beara et ses sept places... payantes.

7° Je peux continuer à fréquenter Rigpa, dans la mesure où cela peut donner accès à des maîtres authentiques, par exemple peut-être l'été prochain à Lerab Ling. Mais en restant sur mes gardes, notamment au niveau du fric : plus de bénévolat, plus de dons, plus de sponsoring, seulement du donnant-donnant : il y a des enseignements ou prestations qui m'intéressent, donc je viens et ne paie que pour ça, c'est tout.

8° Donc je ne reviendrai probablement pas à Lerab Ling en 2009, sauf peut-être pour une retraite plus courte avec des lamas intéressants. En rentrant à Paris, j'irai peut-être de temps en temps aux grands *tsoks* et aux journées *sanghas* pour revoir les amis.

9° Problème à résoudre : attitude à avoir par rapport aux amis qui sont toujours à Rigpa (Mustapha, Clara, Véronique, Luc, Mina et Michel, Jean, Hugues...).

Vendredi 24 octobre

Lerab Ling a fabriqué une brochure pour retrouver le *kutsab* (*statuette de bouddha appartenant à Sogyal Rinpoché qui avait été perdue ou volée, NdA*) et autres objets pour distribuer aux retraitants. Elle a coûté 450 euros, LL demande un sponsoring ! [...]

Mardi 28 octobre

René et moi sommes là à 9 heures, sous la pluie. Nous ne sommes plus dans le troisième groupe et, de toute façon, SR ne recevra aucun groupe aujourd'hui. On en sourit. SR pourrait ne plus recevoir que le 4 et le 14 pour 11,5 groupes, je pense que ça va être très court avec lui.

SR enseigne deux heures et nous fait une superdémonstration d'attitude dictatoriale. Il commence par demander que l'on fasse les trois prosternations sérieusement, car une intro à la nature de l'esprit, ça se mérite (des fois qu'on l'aurait oublié).

Si on veut réussir sur le chemin, tout dépend de la pureté de notre perception du maître. *Unfortunately you have me until the end of your life, you are stuck with me and you will not have another lama* (il cherche à nous foutre la trouille, mais ça ne marchera pas). Il faudrait faire la promesse de ne plus avoir de vues erronées envers le maître, et les groupes de trois devraient être le moyen de remédier à ça (bonjour le flicage).

Ne pas prendre SSDL comme justification, car il doit adopter une attitude politique qui n'est pas celle d'un lama (!).

Ne pas avoir non plus une attitude de scientifique, ce dont on a besoin, c'est de dévotion (!).

Demande que l'on efface des archives tout ce qu'il est en train de dire (!). Il faudrait aussi que l'on brûle nos notes sur ces enseignements, avant notre mort ou dès qu'on les aura réalisés.

Il ne parlait plus à Chandler suite à la perte du *kutsab*, mais se tenait informé de ce qu'elle faisait. Veut aussi être informé personnellement de tous ceux qui désirent changer de poste (la punition et le flicage).

Avant, les gens se plaignaient du travail à Rigpa. Mais regardez ce qu'on est bien ici ! Et SR fait des cadeaux à ses proches collaborateurs pour compenser leurs frustrations. Et il fait la promesse que leur qualité de vie va s'améliorer.

Le maître est un très puissant objet de karma, en positif ou en négatif (là aussi il cherche à foutre la trouille).

Les dévots du bouddhisme

À partir de maintenant, plus de *study group.* Et certains ne devraient pas être répétés.

Please don't resist my way, because it's a tradition, a lineage, it has a particular signification. Fait référence à Trungpa dont tous les étudiants pensaient et parlaient de la même manière (!) *he was quite charismatic and a good teacher, but afterwards he lost his control, he developed his own approach with very devoted students, and it was very sad. If something happened to me, you pledge to stay all together. Not your way, but my way.* Fait repéter *I don't do self doubt. We have the potential, but we don't have to waste it by other preoccupations.*

SR rappelle qu'il est une réincarnation. Quand il entendait ce que disaient ses maîtres, il avait l'impression que c'était déjà en lui. Mais il ne se compare pas à ses propres maîtres (toujours le jeu subtil de la fausse humilité).

Il y a trois heures de *sadhanas* commençant à 17 h 30. Ras-le-bol, je rentre.

Dimanche 2 novembre

Le *droupchö* a commencé à 7 heures mais j'arrive à 10 h 30. La cérémonie tibétaine continue sans le moindre Tibétain. C'est le ridicule complet. Il y a une interruption et trois retraitantes font un petit *speech* sur Sid King dont c'est le quarante-neuvième jour du décès. Sa famille est d'ailleurs là. SR intervient par téléphone de Zurich et fait un petit *speech* lui aussi. Il était temps !

À 14 heures, fin de la cérémonie. On balance du riz à tout-va et on pousse des cris de Sioux.

Il fait un temps de chien : nuage, orage et vent de tempête, à tel point qu'on ne peut déjeuner dans la tente blanche et qu'au moins une tente perso s'est déjà envolée. Je rentre par la route de Lunas, car ce matin il y avait déjà des branches et des pierres sur la route directe. Je vais directement au Super U pour faire le plein en vue d'un possible retour dès demain [...]

Mardi 4 novembre

[...] L'enseignement de SR est globalement incohérent. Cela donne l'impression qu'absent depuis cinq jours il a voulu montrer qu'il était rentré et que c'était lui le maître. Cela parle beaucoup de ses prochains voyages à Barcelone où il part jeudi, puis en Australie. Les retraitants, privés de cinéma et télévision depuis deux ans, apprennent aussi qu'il a regardé hier soir le film *W*. Il râle et fait chercher certains collaborateurs ou retraitants absents (Chandler, Mauro, etc.). Il remarque la présence de Delphine, revenue depuis hier, et comme elle n'a pas de logement, impose à Minu qu'elle partage avec elle son petit chalet. Il dit de nombreuses fois que ceux qui sont absents des enseignements et des pratiques ne seront pas sélectionnés pour l'année prochaine.

Il s'en prend particulièrement à François et à Jan le Hollandais. Les deux doivent faire une confession publique et expliquer pourquoi ils n'étaient pas là, faire une série de prosternations devant lui et s'asseoir directement sur le parquet. SR dit que c'est un manque de respect pour le maître que d'être absent à ses enseignements (ne manque-t-il pas, lui, de respect pour ses étudiants en les faisant venir pour rien, en les empêchant de bouffer ou de pisser ?).

Jan a le malheur d'argumenter et de tenter d'expliquer pourquoi il n'aime guère les *sadhanas* et le Vajrayana. Il s'appuie sur Thich Nhat Hanh, mais SR élude en disant que c'est un maître qui enseigne des généralités ; il avait pourtant l'intention de l'inviter dans l'avenir. SR humilie Jan avec des réponses de type « mais qui es-tu pour juger ? » ou « qu'est-ce que tu connais du bouddhisme tibétain ? » Il le fait s'approcher, lui agrippe les cheveux et lui secoue la tête, puis lui frappe la tête à plusieurs reprises avec son gratte-dos, si fort qu'assis au milieu du temple j'entends le bruit. Il le gifle fortement trois ou quatre fois, puis lui fait le coup de l'introduire à la nature de bouddha par un cri. Il déforme son prénom de Jan en « yack », ce qui fait rire l'assemblée. À la fin, il l'embrasse pour monter qu'il a de la compassion...

SR enseigne qu'il ne faut pas rester dans la logique et le rationnel, que l'important c'est la foi, qu'il y a de la magie.

À la fin, cinq ou six fanatiques, surtout des femmes, interviennent pour remercier SR, pour lui demander de continuer à enseigner, pour lui dire que c'est un grand lama. Il répond à l'une qu'elle est une idiote, ce qu'elle reconnaît sans hésiter.

On mange à 18 heures le déjeuner froid. Il fait froid et il pleut fort. Je vois Amala à l'entrée du *barn*, avec son gamin de 7 ans qui l'attendait. La fille de Claire D***, une ado, attendait aussi sa mère depuis 13 h 30 dans le *barn* ; elle est livide de froid, n'ayant pas osé aller boire un thé car les distributeurs sont près du temple et qu'elle n'a pas le droit de s'en approcher n'étant pas elle-même retraitante. Je redescends Amala et son fils à Lodève sous des trombes d'eau. Amala est sous le charme de SR, elle trouve que tout ce qu'il fait est très bien. Moi je me demande s'il n'est pas tout simplement devenu fou, un maître de folle sagesse qui aurait perdu la sagesse.

Ce soir j'ai déchiré sa photo qui était sur mon autel et j'ai téléphoné à Francine pour dire que je rentrerai probablement jeudi ou vendredi.

Mercredi 5 novembre

[...] SR fait le tour du temple. Instinctivement je me recule pour ne pas le voir. Je rentre pour chercher mon coussin noir et laisse ma cape en souvenir. Je vois Mustapha qui devait attendre SR depuis 9 h 30 et qui me dit qu'il ne l'a pas encore vu. C'est au moins la troisième fois.

Quand les autres descendent vers le temple pour l'enseignement qu'apparemment va donner SR, moi je monte. Dans la tente blanche, je constate qu'il y a des petites factures pour ceux qui ont fait appel au *First Aid* : il n'y a pas de petit profit. Je remonte à ma voiture et y lit *Le Bonheur est entre nos mains* de Dzigar Kongtrül Rinpoché. À midi et demi je redescends manger et suis longtemps seul dans la grande tente blanche.

Je suis de retour à Lodève dès 13 h 30 et commence les préparatifs de départ, bagages et lavage de l'appartement. Je mets à la poubelle la cordelette rouge, symbole de mon lien avec SR. Je laisse en souvenir à Sophie, entre autres, deux exemplaires de *View*, une affiche de la statue de Bouddha et à Véronique le médaillon que m'avait offert Romain. *This is the end.*

Le soir, appel de Clara. Je passe chez Romain prendre ses bagages. Elle est bien sûr très contente que je l'aide. Je lui explique ce qui m'a choqué mardi, elle compatit.

Jeudi 6 novembre

Je pars de Lodève à 10 heures les larmes aux yeux, après avoir laissé une lettre et un chèque à Sophie, et la même chose chez Véronique.

Temps de chien sur la route, mais j'arrive à 18 h 40. À midi, je laisse un message vocal à Sophie.

Le soir, il y a cinq messages vocaux sur mon portable, certains inquiets. Je rappelle Clara et Véronique et laisse des messages à Mustapha et René. J'appellerai Romain demain.

Une enveloppe est arrivée. Elle est de Lerab Ling. Ils demandent du fric pour la chaudière. Je crois que je ne donnerai pas.

Conclusion

Ce voyage en terre bouddhique occidentale ne laisse pas l'ethnologue indemne. La religiosité outrancière des convertis, le culte de la personnalité déconcertante du « maître de folle sagesse », la découverte des « affaires » ainsi que la rencontre avec des *dakinis* et d'anciens disciples revenus de leurs illusions, la commercialisation des « techniques spirituelles orientales » peuvent décontenancer, voire révolter, celui qui s'imagine que « le bouddhisme n'est pas une religion ». Que faut-il donc retenir de ce périple ? Confrontés aux réalités et aux témoignages relatés dans les pages qui précèdent, bon nombre de lecteurs non avertis déclarent qu'il s'agit là de « dérives » et que les scènes et les personnages décrits ne sont pas « représentatifs ». Mais représentatif de quoi ? Par rapport à quelle norme y aurait-il dérive ? Ne s'agit-il pas là plutôt nos propres conceptions idéalisées d'Occidentaux qui se trouvent mises à mal par une description détaillée, minutieuse et sans concession de la pratique religieuse tibétaine

« à l'occidentale » ? Car lorsque des tibétologues apprennent ce qui est pratiqué dans des groupes comme Rigpa, ils ne sont guère surpris. Du moins sur un certain nombre de points, tel le service du maître, la sévérité et les humiliations que ce dernier inflige à ses plus proches disciples, la vénération dont il fait l'objet : tout cela relève bien de la culture tibétaine. La seule différence entre le contexte tibétain et le contexte occidental est qu'il est nécessaire, dans ce dernier cas, de former les disciples aux « bonnes manières » tibétaines, qui vont à l'encontre non seulement de leurs représentations du bouddhisme comme « spiritualité moderne » favorisant l'épanouissement personnel, mais également de l'idéal démocratique des sociétés occidentales, dans lesquelles on ne se soumet pas d'aussi bonne grâce à l'autorité absolue d'un chef. Pour les rééduquer dans le bouddhisme, en les faisant passer d'une interprétation éthérée et irénique des « spiritualités orientales » à une pratique dévotionnelle et rituelle traditionnelle, plusieurs moyens sont mis en œuvre : l'emploi de manuels qui codifient manières de faire, manières de dire et manières de penser ; l'apprentissage d'un nouveau langage, à mi-chemin entre la doctrine bouddhique et la vulgate psychothérapeutique ; la médiation des disciples les plus avancés, qui officient comme des initiateurs aux diverses étapes de la progression ; la rhétorique traditionnelle des « moyens habiles » (*upaya*), qui fait passer n'importe quelle activité pour une « technique de l'esprit » dépourvue de toute conséquence réelle (servir le maître et lui faire don de billets de banque ou de son corps sont alors euphémisés comme des « tests » ou un « travail sur soi ») ; la rhétorique de la

« folle sagesse », qui s'accompagne d'épreuves initiatiques ritualisées destinées à la faire éprouver physiquement aux disciples. Les personnes qui ne parviennent pas à assimiler ces savoirs et savoir-faire qualifient le groupe de « secte ». L'émergence de cette catégorie péjorative naît ainsi d'un défaut de socialisation, d'un échec du processus initiatique ou encore d'un malentendu culturel plutôt qu'elle ne résulte de la conformation à une série de critères « objectifs » qui définiraient « la secte ».

Ce que les tibétologues ne reconnaissent pas du bouddhisme tibétain traditionnel dans les activités proposées aux Occidentaux, en revanche, c'est la forme entrepreneuriale prise par ces institutions et le fait qu'elles s'adressent à un vaste public de consommateurs de « bien-être ». Ce qui en outre distingue les « maîtres spirituels » comme Sogyal Rinpoché des lamas du Tibet traditionnel, c'est qu'ils n'enseignent pas à partir de textes consacrés dont ils feraient un commentaire élaboré, suivant une trame classique et en employant les thèmes du répertoire doctrinal traditionnel, avant de donner des initiations rituelles autorisant les disciples de s'atteler à la pratique liturgique. Leurs enseignements sont au contraire décousus, sans substance philosophique, constamment improvisés et remis en forme après coup, tant bien que mal, par des disciples sans formation ni habilitation. Surtout, ces enseignements consistent dans l'animation, suivant une mise en scène rigidement orchestrée et ne souffrant aucune contradiction, d'un personnage exubérant issu de l'imagination mi-tibétaine, mi-théosophique de cette microsociété. Un tel personnage, croisement du « grand maître » des théosophes et du saint fou (*mahasiddha*) tantriste, ne serait jamais accepté des Tibétains, qui n'envisagent ce dernier que sur le mode mythique. J'ai d'ailleurs remarqué que la « manifestation de folle sagesse » s'arrêtait dès qu'un Tibétain était présent dans la salle. On demande donc aux Occidentaux d'adhérer à la personnalité d'un homme dont le comportement ne correspond en aucun cas au titre et à la fonction que les Tibétains lui attribuent chez eux. Ne s'agit-il pas là tout bonnement d'une forme de tromperie ? De plus, cette adhésion, testée et mesurée à la moindre occasion, conditionne tout : l'appartenance au groupe, la valeur « karmique » d'une personne, sa capacité supposée à « voir correctement », son acceptation ou son rejet par celui-là même qui, seul, peut mener un adepte à « l'éveil », c'est-à-dire au bonheur éternel et absolu. La dimension initiatique de ce parcours spirituel, essentiellement fondé sur l'acceptation d'une personnalité extravagante – au détriment d'exigences traditionnelles liées à l'orthodoxie ou à l'orthopraxie – conduit le groupe tout entier à se focaliser sur le for intérieur de chacun qu'il convient de formater et de contrôler à chaque étape du rapprochement physique avec le maître. Or, cela n'a rien à voir avec la pratique tibétaine du bouddhisme : il s'agit plutôt d'un effet pervers de la transformation d'une religion hiérarchisée, dévotionnelle et ritualiste en ersatz de psychothérapie pour Occidentaux fatigués et spirituellement démunis. La psychologisation des religions traditionnelles conduit-elle à l'émergence de ce que l'on appelle familièrement « les sectes » ? C'est une question qui peut se poser.

BIBLIOGRAPHIE

Philip C. ALMOND, *The British Discovery of Buddhism*, Cambridge, Cambridge University Press, 1988.

Michael ARIS, *Hidden Treasures, Secret Lives. A Study of Pemalingpa (1450-1521) and the Sixth Dalai Lama (1683-1706)*, Londres & New York, Routledge, 1989.

Jacques BACOT, *Le Tibet révolté, Vers Népémakö, la terre promise des Tibétains, suivi des impressions d'un Tibétain en France*, Paris, Librairie Hachette, 1912.

Stephen BATCHELOR, *The Awakening of the West. The Encounter of Buddhism and Western Culture*, Londres, Aquarian, Harper Collins, 1994.

Peter BISHOP, *Dreams of Power, Tibetan Buddhism and the Western Imagination*. Londres, The Athlone Press, 1993.

Peter BISHOP, *The Myth of Shangri-La: Tibet, Travel-writing and the Western Creation of Sacred Landscape*, Berkeley, University of California Press, 1989.

Anne-Marie Blondeau et Katia Buffetrille, *Le Tibet est-il chinois ? Réponse à cent questions chinoises*. Paris, « Sciences des religions », Albin Michel, 2002.

Martin Brauen, *Dreamworld Tibet, Western Illusions*, Bangkok, Orchid Press Publishing, 2004.

Erik Braun, *The Birth of Insight. Meditation, Modern Buddhism, and the Burmese Monk Ledi Sayadaw*, University of Chicago Press, 2013.

Michael Brown, *The Channeling Zone, American Spirituality in an Anxious Age,* Cambridge (États-Unis), Harvard University Press, 1997.

Katia Buffetrille et Charles Ramble (éds.), *Tibétains, 1959-1999 : 40 ans de colonisation*, Paris, Autrement, 1998.

Eugène Burnouf, *Introduction à l'étude du bouddhisme indien,* Paris, Maisonneuve et Cie Libraires-Éditeurs, 1844-1876 ; trad. angl. par Katia Buffetrille et Donald S. Lopez Jr. sous le titre *Introduction to the history of the Indian Buddhism.*, Chicago-Londres, The University of Chicago Press, 2010.

Ian Buruma et Avishai Margalit, *Occidentalism. A Short History of Anti-Westernism.* Londres, Atlantic Books, 2005 ; première édition : *Occidentalism: The West in the Eyes of its Enemies,* Londres, Penguin Books, 2004.

Bruce F. Campbell, *Ancient Wisdom Revived. A history of the Theosophical Movement,* Berkeley, University of California Press, 1980.

June Campbell, *Traveller in Space,* Londres, Continuum International Publishing Group, 1996.

Cécile Campergue, *Le maître dans la diffusion du bouddhisme tibétain en France*. Paris, L'Harmattan, 2012.

Mary Carruthers, *The Craft of Thought. Meditation, Rhetoric, and the Making of Images. 400-1200*, Cambridge, Cambridge University Press, 1998 ; édition française sous le titre *Machina Memorialis. Méditation, rhétorique et fabrication des images au Moyen Âge*, Paris, « Bibliothèque des Histoires », Gallimard, 2002.

Owen Chadwick, *The Secularization of the European Mind in the Nineteenth Century*, Cambridge, Cambridge University Press, 1990.

Philippe Cornu, *Dictionnaire encyclopédique du bouddhisme*, Paris, Seuil, 2001.

Thierry Dodin et Heinz Rather (éds.), *Imagining Tibet. Perceptions, Projections and Fantasies*, Chicago, Wisdom Publications Inc, 1993.

Keith Dowman, *The Divine Madman. The Sublime Life and Songs of Drukpa Kunley* (traduction de l'auteur), Londres, Rider, 1980.

Georges B. J. Dreyfus, *The Sound of Two Hands Clapping. The Education of a Tibetan Buddhist Monk*, Berkeley, University of California Press, 2003.

Norbert Elias, *La Société de Cour*, Paris, Calmann-Lévy, 1974, rééd. en poche, Paris Champs/Flammarion, 1985.

Arnaud Esquerre, *La Manipulation mentale. Une sociologie des sectes en France*, Paris, Fayard, 2009.

Bernard Faure, *Bouddhismes, philosophies et religions*, Paris, Flammarion, 1998.

Bernard FAURE, *Bouddhisme et violence*, Paris, Éditions le Cavalier bleu, 2008.

Erving GOFFMAN, *Asiles. Études sur la condition sociale des malades mentaux et autres reclus*, trad. de Liliane et Claude Lainé, Paris, Les Éditions de Minuit, 1968, rééd. 1979.

Melvyn GOLDSTEIN, *The Snow Lion and the Dragon. China, Tibet, and the Dalai Lama*, Berkeley, University of California Press, 1999.

Melvyn GOLDSTEIN et Matthew T. KAPSTEIN (éds.), *Buddhism in Contemporary Tibet. Religious Revival and Cultural Identity*, Berkeley, University of California Press, 1998.

Melvyn GOLDSTEIN, *A History of Modern Tibet, 1913-1951. The Demise of the Lamaist State*, Berkeley, University of California Press, 1991.

Daniel GOLEMAN, *Destructive Emotions. A Scientific Dialogue with the Dalai Lama*, New York, Bantam, 2002 ; trad. fr. sous le titre *Surmonter les émotions destructrices. Un dialogue avec le dalaï-lama*, Paris, Robert Laffont, 2003.

Richard GOMBRICH et Gananath OBEYESEKERE, *Buddhism Transformed. Religious Change in Sri Lanka*, Princeton, Princeton University Press, 1988.

Janet GYATSO, *Apparitions of the Self. The Secret Autobiography of a Tibetan Visionary. A Translation and Study of Jigme Lingpa's Dancing Moon in the Water and Dakki's Grand Secret Talk*, Princeton, Princeton University Press, 1998.

Janet GYATSO et Hanna HAVNEVIK, *Women in Tibet. Past and Present*, New York, Columbia University Press, 2006.

Paul G. Hackett, *Theos Bernard, The White Lama. Tibet, Yoga, and American Religious Life*, New York, Columbia University Press, 2012.

Wouter J. Hanegraaf, *New Age Religion and Western Culture. Esotericism in the Mirror of Secular Thought*, Leiden, Brill Academic Publishers, 1996.

Wouter J. Hanegraaf, *Western Esotericism. A Guide for the Perplexed*, Londres, Bloomsbury Academic, 2013.

Steven Heine et Charles Prebish (éds.), *Buddhism in the Modern World, Adaptations of an Ancient Tradition*, New York, Oxford University Press, 2003.

Eric Hobsbawm et Terence Ranger, *The Invention of Tradition*, Cambridge, Cambridge University Press, 1992.

Helmut Hoffmann, *The Religions of Tibet*, Westport (Conn., États-Unis), Greenwood Press, 1979.

Samten Gyaltsen Karmay, *The Great Perfection (Rdzogs Chen). A Philosophical and Meditative Teaching of Tibetan Buddhism*, Leiden, Brill Academic Publishers, 1989.

Richard King, *Orientalism and Religion. Post-Colonial Theory, India and "The Mystic East"*, Londres, Routledge, 1999.

Victor Klemperer, *LTI, La langue du IIIe Reich*, Paris, « Agora », Pocket, 2003 ; première édition : *LTI – Lingua Tertii Imperii : Notizbuch eines Philologen*, Leipzig, Reclam Verlag, 1947.

Frédéric Lenoir, *La rencontre du bouddhisme et de l'Occident*, Paris, Fayard, 1999.

Frédéric Lenoir, *Le bouddhisme en France*, Paris, Albin Michel, 2001.

Bibliographie

Donald S. Lopez Jr., *Prisoners of Shangri-La. Tibetan Buddhism and the West*, University of Chicago Press, 1999 ; édition française : *Fascination tibétaine. Du bouddhisme, de l'Occident et de quelques mythes,* Paris, Autrement, 2003.

Donald S. Lopez Jr., *Tibetan Religions in Practice*, Princeton, Princeton University Press, 1997.

Donald S. Lopez Jr., *Curators of the Buddha. The Study of Buddhism under Colonialism*, Chicago, The University of Chicago Press, 1995.

Donald S.Lopez Jr., *From Stone to Flesh. A Short History of the Buddha*, Chicago, The University of Chicago Press, 2013.

Donald S. Lopez Jr., *Buddhism and Science. A Guide for the Perplexed*, Chicago, University of Chicago Press, 2010.

Donald S. Lopez Jr., *A Modern Buddhist Bible,* Boston, Beacon Press, 2002.

Donald S. Lopez Jr., *The Tibetan Book of the Dead. A Biography*, Princeton, Princeton University Press, 2011.

Donald S. Lopez Jr., *The Story of Buddhism. A Concise Guide to its History and Teachings*, San Francisco, Harper, 2001, rééd. HarperOne, 2009.

Donald S. Lopez Jr. (dir.), *Asian Religions in Practice*, Princeton, Princeton University Press, 1999.

Tomoko Masuzawa, *The Invention of World Religions. Or How European Universalism Was Preserved in the Language of Pluralism*, Chicago, University of Chicago Press, 2005.

Thierry Mathé, *Le bouddhisme des Français, Le bouddhisme tibétain et la Soka Gakkai en France. Contribution à une sociologie de la conversion*, Paris, L'Harmattan, 1995.

David McMahan, *The Making of Buddhist Modernism*, New York, Oxford University Press, 2008.

Marion Meade, *Madame Blavatsky. The Woman Behind the Myth*, New York, G.P. Putnam's Sons, 1980.

Lionel Obadia, *Le bouddhisme en Occident*, Paris, La Découverte, 2007.

Janet Oppenheim, *The Other World. Spiritualism and Psychical Research in England, 1850-1914*, Cambridge, Cambridge University Press, 1982.

Charles S. Prebish, *American Buddhism*, North Scituate (Mass., États-Unis), Duxbury Press, 1979.

Charles S. Prebish et Martin Baumann (éds.), *Westward Dharma. Buddhism Beyond Asia*, Berkeley, University of California Press, 2002.

Stephen R. Prothero *The White Buddhist. The Asian Odyssey of Henry Steel Olcott*, Bloomington, Indiana University Press, 1996.

Charles Ramble, « How Buddhists Are Buddhist Communities ? The Construction of Tradition in Two Lamais Villages », in *Journal of the Anthropological Society of Oxford*, vol. 21, n° 2, 1990, p. 185-197.

Charles Ramble, Carroll Dunham, Geshe Gelek Jimpa et Thomas Kelly, *Sacred Landscape and Pilgrimage in Tibet In Search of the Lost Kingdom of Bön*, New York, Abbeville Press, 2005

Jean-François Revel et Matthieu Ricard, *Le Moine et le Philosophe. Un père et son fils débattent du sens de la vie*, Paris, Nil, 1997.

Matthieu Ricard et Trinh Xuan Thuan, *L'Infini dans la paume de la main. Le Moine et l'Astrophycisien*, Paris, Pocket, 2002.

Geoffrey Samuel, *Civilized Shamans. Buddhism in Tibetan Societies*, Washington D.C., Smithsonian Institution Press, 1993.

Nicolas Sihlé, *Rituels bouddhiques de pouvoir et de violence, la figure du tantriste tibétain*, Turnhout (Belgique), Brepols, 2013.

Alfred Percy Sinnett, *Esoteric Buddhism*, Paris, Éditions Adyar, 1883.

Jonathan Z. Smith, *Map is not Territory. Studies in the History of Religions*, Leiden, Brill Academic Publishers, 1978.

Jonathan Z. Smith, *Imagining religion. From Babylon to Jonestown*, Chicago, University of Chicago Press, 1982.

Jonathan Z. Smith, *To take place. Toward Theory in Ritual*, Chicago, University of Chicago Press, 1987.

Jonathan Z. Smith, *Relating Religion. Essays in the Study of Religion*, Chicago, University of Chicago Press, 2004

David L. Snellgrove et Hugh Edward Richardson, *A Cultural History of Tibet*, Boulder (Colo. États-Unis), Prajñā Press, 1980.

David L. Snellgrove, *Indo-Tibetan Buddhism. Indian Buddhists and Their Tibetan Successors* (Shambhala, 1987), Bangkok (Thaïlande), Orchid Press Publishing Limited, 2004.

Rolf A. Stein, *La civilisation tibétaine*, Paris, « Langues et Mondes », L'Asiathèque, 1996.

Wiktor Stoczkowski, *Des hommes, des dieux et des extraterrestres. Ethnologie d'une croyance moderne*, Paris, Flammarion, 1999.

Wiktor STOCZKOWSKI, *Anthropologie naïve. Anthropologie savante. De l'origine de l'Homme, de l'imagination et des idées reçues*, Paris, CNRS éditions, 1994.

Michel STRICKMANN, *Mantras et mandarins. Le bouddhisme tantrique en Chine.* Paris, « Bibliothèque des Sciences humaines », Gallimard, 1996.

Giuseppe TUCCI, *The Religions of Tibet*, traduit de l'allemand et de l'italien par Geoffrey Samuel, Londres, Routledge/ Kegan Paul, 1970.

Giuseppe TUCCI, *To Lhasa and Beyond. Diary of the Expedition to Tibet in the Year 1948*, Ithaca (NY, États-Unis), Snow Lion Publications, 1983.

Thomas TWEED, *The American Encounter with Buddhism 1844-1912*, Chapel Hill (NC, États-Unis), University of North Carolina Press, 2000.

Laurence Austine WADDELL, *Buddhism of Tibet or Lamaism*, 1934 ; édition illustrée : Whitefish (MT, États-Unis), Kessinger Publishing, 2003.

Peter WASHINGTON, *Madame Blavatsky's Baboon. A History of the Mystics, Mediums, and Misfits who brought spiritualism to America*, New York, Schocken, 1996.

De et sur Sogyal Rinpoché (par ordre chronologique de publication) :

Mick BROWN, « The Precious One », *Telegraph Magazine*, 2 février 1995, p. 20-29.

Marion DAPSANCE, « When fraud is part of a spiritual path. A Tibetan lama's plays on reality and illusion » *in*

Amanda VAN EYCK (éd.), *In Good Faith ? Minority Religions and Fraud*, Ashgate Social Sciences, Londres, Octobre 2014. Disponible en ligne : https://www.academia.edu/8283817/_When_Fraud_is_Part_of_a_Spiritual_Path_A_Tibetan_Lamas_Play_on_Reality_and_Illusion_

Élodie EMERY, « Le lama Rinpoché à Paris : pas si zen, ces bouddhistes... », *Marianne*, 15-21 octobre 2011, p. 72-77.

Mary FINNIGAN, « Sexual Healing », *The Guardian*, 10 janvier 1995.

Debbie GOODWIN, *In the Name of Enlightenment*, documentaire télévisé canadien, Vision TV, 2011, disponible en ligne : www.earthbook.tv/religion.channelhome/channelhome/148/

Don LATTIN, « Best-selling Buddhist author accused of sexual abuse », *San Francisco Free Press*, 10 novembre 1994.

Sogyal RINPOCHÉ, *Le Livre tibétain de la vie et de la mort*, Paris, Éditions de la Table Ronde, 1993 ; première édition américaine : *The Tibetan Book of Living and Dying*, San Francisco, Harper, 1992.

Table des matières